이 사람이 그 사람입니까

교회와 함께 배우자 만나기

그리스도인들은 그 책의 사람들, 바로 성경의 사람들입니다. 성경에만 권위를 두고, 성경대로 살며, 성경에 자신을 계시하신 삼위 하나님만을 예배하고 사랑합니다. 이에 **그 책의 사람들**은 하나님께만 영광 돌리고, 하나님의 나라와 교회의 번영과 행복을 위해 성경에 충실한 도서들만을 독자들에게 전하겠습니다.

이 사람이
그 사람입니까

교회와 함께 배우자 만나기

한재술 지음

출판사 서문 • 6
감사하는 글 • 12

글을 열며 • 19

• 그 사람, 만나다! • 마음을 지키며 서로 섬기다 • 다시 만나다 • 진지하고 깊은 고민 • 구혼 • 결혼 • 함께 나누고 싶은 이야기 • 더 깊은 공부와 나눔을 위한 질문

1장 이 사람이 그 사람입니까 • 39

• 그 사람, 만나다! • 하나님께서 기뻐하시지 않는 불신자와 하는 결혼 • 믿음의 선배들의 이야기 • 하나님의 사랑을 아는 사람이 하나님의 사랑으로 사랑할 수 있습니다 • 믿는 자는 언제나 교회와 함께 • 공동체 안에서 발견하고 만나는 것이 건강하고 좋습니다 • 서로 좋은 감정이 있으면 교제해도 될까요 • 배우자를 만나고 결정하는 네 그룹 • 네 그룹과 함께 만나고 결정하기 • 이 구혼 과정은 우리를 지켜 주고, 우리를 선하게 인도합니다 • 후배들의 서약 • 외모에 대한 생각을 정리하다 • 더 깊은 공부와 나눔을 위한 질문

2장 독신 시기의 준비, 배우자를 만나기 전의 준비 • 101

• 회심 • 가정 예배와 개인 경건 • 신앙 공부 • 가족 • 배우자를 만나기 위한 기도 • 서약하기 • 더 깊은 공부와 나눔을 위한 질문

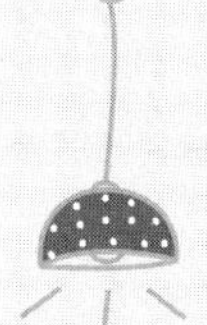

3장 반론과 어려움, 질문들 · 117

• 구혼이 너무 복잡하고 번거롭습니다 • 네 그룹을 만들 수가 없습니다 • 너무 이 상적입니다 • 마음을 지키기 어렵습니다 • 이미 믿지 않는 자와 교제하고 있습니 다 • 믿는 자와 교제하고 있지만 결혼을 전제로 한 교제가 아닙니다 • 나는 믿음 의 가정을 이루었지만 이렇게 하지는 않았습니다 • 적절한 구혼 기간은? • 세상 이 말하는 구혼과 문화 • 같은 공동체에서 만나기가 어렵습니다 • 오늘날 구혼 문화의 현실 • 더 깊은 공부와 나눔을 위한 질문

4장 구혼 사례 · 141

• 김병재 집사 • 배경선 집사 • 더 깊은 공부와 나눔을 위한 질문

글을 닫으며 · 163

하나님의 사랑하심을 받고 성도로 부르심을 받은 모든 독자분께 하나님 우리 아버지와 주 예수 그리스도로부터 은혜와 평강이 있기를 바랍니다.

"이 책을 꼭 내야 하는가? 왜 그러한가?"

결혼에 대한 좋은 책이 이미 많이 나와 있는데『이 사람이 그 사람입니까』를 내놓는다는 것은 참으로 고민이었고 용기가 필요한 일이었습니다. 유익한 책들 틈에서 지은이와 저는 우리 자신에게 했던 질문에 스스로 답하면서 이 책을 출판해야겠다 마음먹었습니다. 이 책이 해야 할 역할이 있다면, 결혼 전 "회심"해야 할 것과 이성 교제를 "구혼" 관점으로 볼 것을 제시하는 것입니다. 그리고 "교회와 함께 배우자를 만나는 것"입니다. 어찌 보면 너무 당연한 듯이 보입니다. 그러나 실제 그러한가요? 여러분은 다 참되게 회심하셨나요? 이성 교제를 구혼 과정으로서 진지하게 여기시나요? 이성 교제라는 문제 앞에 교회와 함께 고민하고 실천해 나가시나요?

지은이는 언제나 그러하듯 이번에도 바른 신학에 근거한 내용을 들고 우리를 찾아와 우리의 마음에 노크를 합니다. 그 노크에 귀 기울이는 우리에게 따뜻하고, 위로로 가득하며, 겸손한 말투로 위와 같은 질문에 대해 자신이 고민하고 경험한 바를 진솔하게 들려줍니다. 지은이는 글을 열며, 이 책의 주요 목적은 "교회와 함께 배우자를 만나기"라고 말하며 "교회와 함께"를 강조합니다. 더불어 본문을 통해 신자의 참된 회심을 강조합니다. 왜 그토록 회심을 강조하는지는 본문을 보면 잘 드러납니다. "회심한 사람은 하나님의 주권과 섭리를 시인하며 배우자를 만나기 위해 준비합니다……회심한 사람만이 참 사랑을 할 수 있습니다. 회심한 사람만이 하나님께서 제정하신 결혼 제도를 분명히 이해하고 아름답게 실천합니다. 회심한 사람만이 결혼을 통해 하나님께 영광 돌립니다. 결혼을 통해 하나님과 교회의 관계를 더 깊이 이해하고 경험합니다……물론 결혼을 위한, 배우자를 만나기 위한 준비로 회심을 언급한 것은 어떻게 보면 맞지 않을 수 있습니다. 회심은 이런 주제를 떠나서 한 개인이 거룩하신 하나님 앞에 반드시 경험해야 할 가장 중요한 문제이자 전부라고도 말할 수 있기 때문입니다. 그러나 회심이 그렇게 중요하기 때문에 가장 시급하고 중요한 준비입니다. 우리가 바로 '믿음의 가정'을 이루는 것이기 때문에 그렇습니다."

　지은이가 따뜻하고 겸손한 마음으로 글을 쓴다 하더라도 지은이의 이야기를 듣노라면 어느새 숨어 있는 마음 구석구석을 콕콕 찔리는 것 같아 아프기도 합니다. 그러나 지은이의 글은 결코 우리를 좌절하게 만들지 않습니다. 오히려 돌이켜 우리를 말씀 앞에, 하나님 앞에 세웁니다. 또한 무엇보다 자신의 두 번째 책『가정 예배』(그 책의 사람들)에서와 마찬가지로 교회와 신자의 관계를 아름답게 풀어 가기에 우리로 하여금 구혼 과정과 결혼에서도 신자와 교회의 관계가 얼마나 소중한지, 얼마나 아름다운지를 깊이 깨닫게 합니다. 이것이 아마 지은이의 글이 갖는 힘이고, 꾸준히 독자들에게 사랑을 받는 이유라고 짐작해 봅니다.

　지은이는 "여러분과 함께 배우고, 고민하고, 경험하고 싶습니다. 그리고 이제 여러분의 이야기를 듣고 싶습니다." 하고 말하며 글을 맺습니다. 이 책을 읽으시고 여러분의 구혼과 결혼에서 겪은 승전보를 울려 주십시오. 그리고 저희에게 알려 주십시오. 부디 우리나라 교회와 신자가 잃어버린 또 하나의 아름다운 신앙의 모습, "교회와 함께 배우자 만나기"를 회복하여 실천하고자 하는 여러분에게, 이 책이 도움을 드릴 수 있기를 바랍니다.

* * *

열 번째 책을 출간하며

이번에 열 번째로『이 사람이 그 사람입니까』를 작업하고 출판하면서, 저희 책을 사랑해 주시는 독자 여러분 생각이 유난히 많이 났습니다. 여러분이 아니었다면 여기까지 올 수 없었을 테니까요. 참으로 고마운 마음 가득합니다. 신앙의 여러 부분에서 저희와 함께 같은 고민을 하시고, 결단하시고, 애쓰시는 독자 여러분께 지면을 빌려 진심으로 감사하는 맘을 전하고 싶습니다. 여러분, 정말 고맙습니다! 그리고 진리 되신 우리 주 예수 그리스도 안에서 사랑합니다!

수많은 기독교 출판사 사이에서 작고 연약한 출판사로서 저희가 품은 뜻을 한 번쯤은 꼭 나누고자 하는 마음이 있었습니다. 열 번째 책을 출간하며 나누고자 합니다. 이 책과 더불어 저희가 여러분께 선사했고 앞으로 선사할 책들에서 제시하는 것이, 늘 그렇듯 기존의 것을 다 경시한 채 최상이라고 말하는 것은 절대 아닙니다. 그저 겸손한 마음으로 제시하는 하나의 대안입니다. 저희 책들을 통해 당장 뭔가를 하려고 하는 것도 아닙니다. 그럴 수 있다 여기지 않습니다. 작은 바람이 있다면, 닫히고 굳어져 버린 영적 마음과 눈과 귀를 갖고 경건의 모양은 있으나 경건의 능력을 잃어버린 이 시대 수많은 교인과 교회에게 그리고 그 와중에도 신실한 믿음으로 경건하게 살고자 애쓰는 성도님들과 교회에게 조심스럽게 노크하는 것입니다. 함께 참된 성도와 교회가 되자고! 이 두드림이 미약할 수 있습니다. 단 몇 사람이라도 "이런 이야기도 있구나! 이렇게도 생각할 수 있구나!" 하는 생각의 전환과 문화 충격이 일어나기를 바랍니다. 그래서 이 몇몇 분이 혹은 어떤 교회가 변화받아 또 다른 누군가나 교회에게 문을 두드리기를 바랍니다.

저희는 삼 년 후, 오 년 후, 십 년 후를 기대하고 기도하며 기다릴 것입니다. 그래서 시간이 점점 지나면서 삶의 모든 부분에서 성경대로 살아가는 것이 무엇인지, 어떻게 해야 하는지를 깊이 깨달아 실제로 신자다운 삶을 이루는 데 도움을 드리고 싶습니다. 하나님께서 기뻐하시는 것을 찾는 고민이 자연스러워지고, 교회 안에서, 교회와 함께 산다는 것이 무엇인지를 알고, 경험해 가는 참 신자가 되는 데 도움을 드리고 싶습니다. 저희 또한 저희가 내는 책들을 읽으며 그렇게 살기 위해 애쓸 것입니다.

저희는 내용이 좋은 책을 출판하고 그저 많이 팔리는 데만 의의를 두고 싶지 않습니다. "그 책의 사람들"은 영혼이 변화되어 참 신자가 되고, 그리하여 실제로 삶 가운데 경건한 삶을 살고자 애쓰시는 여러분께 참된 도움을 드리는 책을 내고 싶습니다. 저희 자신도 여러분과 함께 우리가 읽는 "그 책"인 성경과 경건한 책들의 내용대로 살고 싶기 때문입니다. 이것이 바로 저희가 책을 만들고 출판하는 의도고 목표입니다. 또한 변함없는 마음으로 나아가며 여러분을 섬기고자 합니다.

모쪼록 하나님께서 저희 책들이 출판되는 것을 기뻐해 주시고 이 책들이 필요한 사람에게 들려지게 해 주셔서 가장 적절한 시기에 은혜의 도구로 사용해 주시기를 온 맘으로 기도합니다.

우리 주 예수 그리스도의 은혜가 저희 책을 읽는 모든 독자분의 심령에 있기를 바라며!

대표하여 서금옥 올림

무척 부끄럽고 민망해하며 첫 번째 책을 출간했던 기억이 납니다. 많이 부족하다 느끼며, 또 자격 없다 생각하면서도 조금이라도 조국교회를 섬기고 싶다는 마음으로 책을 출간했습니다. 다른 책은 쓸 만한 내용도, 저 자신의 자격도 절대 없을 것이라고 생각했는데, 이렇게 세 번째 책이 나오게 됐습니다.

제게 어떤 자격이 있다면 그것은 제가 탁월한 지식이 있거나, 인격이 고매하다거나, 거룩한 경건을 지니고 있기 때문이 아닙니다. 단지 하나님께서 제게 은혜를 베푸셨고, 진리 안에서 특별히 몇 가지 주제에 대해 좀 더 생각해 보고, 좀 더 체험적으로 알 수 있게끔 인도해 주시고 함께해 주셨기 때문입니다. 단지 저는 그것을 나눌 뿐입니다.

이전에 출간한 두 책이 그렇듯, 이번 책도 단 하나의 정답이나 절대 법칙을 제시하고자 하는 것은 아닙니다. 이 책을 읽어 주시는 여러분과 함께 진리 안에서 걷고 싶은 마음입니다. 또 하나의 더 나은 방법이나 가능성을 함께 찾아보고 싶은 마음입니다. 따라서 이 책을 읽어 주시는 것만으로도 여러분께 감사합니다. 더 나아가 여러분께서 적극적으로 고민해 주시고, 이 책에서 이야기하는 것보다 더 훌륭하고 탁월한 원리와 방법들을 여러분과 여러분의 교회에 그리고 바라기는 저에게까지 나누어 주시고, 그것들을 실천해 주신다면, 글과 말로 다른 사람들에게 무엇인가를 함께 나누고 전하고자 하는 모든 사람이 그런 것처럼, 저는 아주 행복하고 감사할 것입니다.

언제나 그렇듯 저는 글을 혼자 쓰지 못합니다. 쓸 수 없습니다. 곁에서 함께 진리를 살아 내는 아내는 그 존재와 함께함으로 격려해 주고 용기를 줍니다. 서금옥 편집장님은 가장 실제적인 용기와 도전을 주십니다. 부족하고 모자란 저 같은 사람의 글이 완성될 수 있는 것은 편집장님 때문입니다. 제 글이 기획되고, 다듬어지고, 완성되리라는 믿음이 그에게 있기 때문입니다. 소중한 한 친구도 가장 실제적인 용기와 힘을 주는 특별한 친구입니다. 늘 제가 놓치거나 깊이 생각하지 못한 것들을 바라보고 다시 확인할 수 있게끔 해 줍니다. 책 표지와 내지 디자인에 경건이 드러나게끔 애쓰는 안소영 자매도 제 글을 사랑해 주고 기뻐해 줌으로 큰 위로와 힘을 줍니다. 언제나 묵묵히 기도해 주시며 기다려 주시는 부모님과 동생은 언제나 든든한 가족입니다.

이 책의 원고를 먼저 읽어 주신 분들이 계십니다. 안산 푸른교회의 권형록 목사님, 서울 시광교회의 이정규 전도사님, 결혼 적령기에 있거나 이성 교제에 관심이 많은 자녀를 두신 강인구 집사님과 서자선 집사님, 그리고 김지혜 자매님, 설요한 형제님, 송수연 자매님은 원고를 읽고 제게 여러 가지 필요한 조언을 해 주셨습니다. 또 이 책의 필요성과 실천성에 대해 격려해 주시며 용기와 확신을 주셨습니다. 좋은 말씀을 많이 해 주셨고 도와주셨음에도 책에서 드러나는 모든 부족함은 다 저의 부족함입니다. 일곱 분께 감사를 드립니다.

특별히 두 친구에게 고마운 마음을 전하고 싶습니다. 하나님을 사랑하는 마음뿐만 아니라 진리 안에서 거룩하고 경건하게 살고자 하는 진실한 신앙의 모습으로 언제나 제게 도전과 용기를 주는 존경하는 친구이자 후배인 김병재 집사님과 배경선 집사님은 이번에도 아름다운 사례로 이 책을 마무리할 수 있게끔 해 주었습니다. 두 사람은 성경이 말하는 것이라면, 진리가 그렇게 말한다면, 그것이 거룩함을 따른 것이라면, 그것이 경건을 함양하는 것이라면 주저 없이 순종하는 사람들입니다. 저는 이 책에서 이야기하는 주제만이 아니라 다른 많은 주제에서도 두 사람의 인격과 신앙을 통해 말씀의 힘을, 진리의 탁월함을, 순종의 아름다움을 계속 보아 왔습니다. 바라기는 평생 두 사람과 이토록 복된 교제를 계속해서 나누고 싶습니다. 감사와 존경과 사랑을 드립니다.

실제로 모든 경배와 찬양과 높임을 받으실 유일한 분은 하나님 한 분이십니다. 하나님께서 이 모든 것을 작정하셨고 이루셨습니다. 그리고 이 책을 통해 이루실 것입니다.

한재술

이 사람이 그 사람입니까

교회와 함께 배우자 만나기

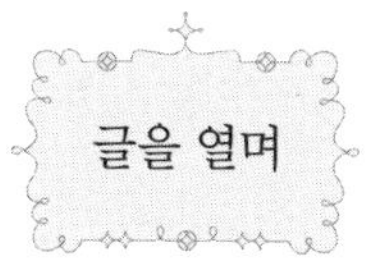

그 사람, 만나다!

1998년 12월 8일 월요일 오후 1-2시 사이, 광천터미널.

일 년 차 휴가를 나온 저는 동생과 둘이서 시골 할아버지 댁을 방문한 후, 안산으로 돌아가기 위해 표를 막 구매하고는 잠시 쉬고 있었습니다. 그때 자매 한 명이 다가와 수줍게 말을 건네며 복음을 전했습니다.

저는 부모님과 교회로부터 복음을 잘 배워 알고 있다고 생각했습니다. 그래서 이미 잘 알고 있다고 다른 분들 잘 전도하라고 말했습니다. 자매는 약간 당황한 듯하더니 알겠다고 말하고 자리를 떠났습니다.

잠시 후 키가 좀 더 큰 자매가 와서 말을 건네며 복음을 전하려 했습니다.

"혹시 예수님을 믿으세요?"

"네, 믿고 있습니다. 그……."

"아, 예수님을 믿으시는군요. 이미 믿고 계시다니 감사하네요. 그래도 군대 가서 복음에 대해 많이 잊어버리신 부분이 있을 수도 있고, 다시 들으면 정리도 되니 한 번 더 들어 보세요."

키가 좀 더 큰 자매의 강력한 권유에 저는 결국 복음의 기초를 다시 듣게 됐습니다. 자매님은 제게 복음의 기초를 차근차근 설명해 줬고 저도 성실하게 들으려고 노력했습니다. 그런데 들으면서, 또 다 듣고 나니 제 마음이 심히 부끄러워졌습니다. 예수님에 대해, 복음에 대해 잘 알고 있다고 생각했는데, 이야기를 들을 때 제 마음이 뜨거워졌던 것입니다. 머리로는 알고 있다고 생각했지만, 실제로는 그렇지 않은 제 모습이 보였고, 복음에 대한 확신이 다시 타올랐던 것입니다.

자매님과 헤어진 후 저는 감사한 마음에 다시 인사라도 해야겠다는 생각을 했습니다. 그렇게 조금 찾아다니다, 키가 좀 더 큰 자매님이 처음 찾아왔던 자매님과 같이 전도하러 다니는 모습을 발견했습니다. 저는 두 사람이 고생이 많으니 피로회복제 같은 것이 좋겠다고 생각해 동생에게 "컨디션"을 사 주는 것이 어떠냐고 물었는데, 동생은 그것이 술 깨는 약이라고 말했습니다. 저는 '왜 좋은 이름을 그런 약에다 붙였을까? 또 얘는 그걸 어떻게 아는 걸까?' 하고 생각하면서 주스 두 병을 샀습니다. 그리고 두 사람을 다시 찾기 시작했는데 이번에는 먼저 번에 왔던 키가 좀 더 작은 자매만 발견할 수 있었습니다. 주스 두 병을 건네면서 상황을 잠시 설명했습니다. 자매는 무척 부담스러워했지만 저는 결국 주고 말았습니다.

자매와 헤어진 후 버스를 기다리는 동안 동생과 그토록 먹고 싶던 자장면을 먹고 있었습니다. 그런데 식당 밖으로 두 자매가 누군가를 찾는 것이 보였습니다. 곧 저와 눈이 마주친 두 사람이 조심스레 식당에 들어와 제게 말을 건넸습니다. 음료수 줘서 고맙다고, 격려가 되었다고, 감사해서 군대로 엽서 한 장이라도 써 주고 싶다고 두 사람은 말했습니다. 저는 한 차례 거절했지만 두 사람이 재차 말해 달라고 해서 주소를 알려 주었습니다. 그리고 우리는 헤어졌습니다.

마음을 지키며 서로 섬기다

부대에 복귀한 후 저는 전혀 생각을 못했습니다. 입대 전부터 저는 건강상의 이유와 개인적인 결심으로 이성을 만나는 것은 물론이고 모든 만남에 대해 제 마음을 지키려고 다짐했기 때문입니다. 저는 사람을 너무 좋아하고, 사람을 너무 의지하는 성향이 지금도 강합니다. 그래서 상처도 쉽게 받거나 주고, 때로는 극단적인 선택을 하기도 했습니다. 그래서 군대가 제게 좋은 훈련 장소라 생각했고, 모든 것과 단절된 상태인 그곳에서 오직 하나님만 바라보고 의지하는 법을 배우기를 원했습니다. 또 입대 전 신앙생활 하던 대학부에서는 입대하는 형제들을 모두 군선교사라고 부르며 격려하고 응원해 줬기 때문에 저도 저 자신을 군선교사라고 생각했기에 휴가 때 잠깐 만났던 두 자매를 자연스럽게 캠퍼스선교사라고 생각할 뿐 이성으로 생각한 적이 없었기 때문입니다.

그러던 어느 날 순차적으로 두 자매에게 편지가 왔습니다(엽서였는지 편지였는지 잘 모르겠습니다). 저는 일단 반가웠고 저를 기억해 주고 편지를 보내 준 것이 감사했습니다. 그래서 제 군생활에 대한 짧은 내용과 군선교사라는 생각을 가지고 어떻게 살고 있는지에 대한 신앙적 내용과 함께 감사의 마음을 담아 답장을 키 작은 자매에게 보냈습니다. 주소 문제 때문에 키 큰 자매에게는 보낼 수 없었습니다. 어쨌든 답장은 크게 기대하지 않았습니다. 엽서 한 번 보내 주겠다고 했던 말이 떠올랐고, 계속 편지를 교환할 아무런 이유도 없었기 때문입니다.

편지를 한 번 교환한 사실이 잊힐 때쯤 답장이 왔습니다. 저도 답장을 했습니다. 또 답장이 왔습니다. 저도 편지를 보냈습니다. 그렇게 2-3주 단위로 우리는 편지를 교환하게 됐습니다. 때로 빨리 알리고 싶은 소식이 있거나 기도 부탁을 할 것이 있거나 할 때는 자매의 삐삐에 음성 메시지를 남기기도 했습니다. 펜팔을 하자고 한 것도 아니고 다른 특별한 이유가 있었던 것도 아니었지만 우리는 서로 캠퍼스선교사와 군선교사로 의식하며 상대방을 위해 기도했고 위로했습니다. 서로 남자와 여자로 보지 않았습니다. 그것은 우리의 진실한 나눔과 기도가 서로 정말 큰 힘이 됐기 때문입니다.

다시 만나다

제대할 날이 가까이 왔습니다. 저는 제대 후에는 자연스레 자매와 편지 교환이 끊어질 것이라고 생각했습니다. 우리는 서로 먼 곳에서 살았고, 더는 편지를 교환할 이유가 따로 없었기 때문입니다. 한편으로는 부모님과 소중한 친구 한 명을 제외하고는 자매의 편지와 기도가 군생활에서 제게 아주 큰 힘이 되어 준 사실에 어떻게든 감사를 표하고 싶었습니다. 그래서 제대 후 결국 자매를 찾아 광주로 갔습니다. 만나서 우리는 서로 정말 얼마나 큰 힘과 위로가 되었는지 이야기하며 감사해했습니다. 그리고 하나님을 찬양했습니다. 아주 어색한 만남이었지만 정말 감사하고 행복한 만남이었습니다.

안산행 버스를 타고 올라오면서 저는 묘한 감정을 느꼈습니다. 자매를 향한 고마운 마음이 여전히 많았지만 마음 한 곳에서는 군생활 동안 편지를 주고받으면서 보았던 복음에 대한 자매의 신앙과 열심, 또 만나서 이야기하는 동안 보았던 자매의 순수함과 배려가 계속 떠올랐습니다.

올라온 이후에도 우리는 자연스럽게 문자도 주고받고 전화도 잠깐씩 하게 됐습니다. 그럴수록 자매가 더 보고 싶어졌습니다. 그리고 만약 제가 결혼한다면 하나님을 이렇게 사랑하는 사람과 하고 싶다고 생각했습니다. 진지하게, 순수하게 하나님을 사랑하는 사람이 배우자가 되면 좋겠다고 생각했습니다. 우리는 가까이 지내거나 자주 보거나 하지는 못했지만 복음 아래서 상대에게 성실한 모습을 보였고 꾸밈없이 이야기하고 상대방을 위해 기도해 왔기에 인간적인 부분에서는 서로 많은 것을 알지는 못했지만 상대방의 신앙에 대해서는 서로 어느 정도 확신할 수 있었습니다. 상대방에 대한 모습이 거짓이거나 위선이었다면 그렇게 짧지 않은 시간 동안 상대를 향해 그렇게 신실할 수는 없었을 것입니다. 복음에 대한 나눔에서든 상대를 향한 태도에서든 말입니다.

진지하고 깊은 고민

한편으로 저는 두려웠습니다. 이 만남이 또 한 번의 인간적인 감정 나눔이 되지 않을까? 욕정을 채우는 일이 되지 않을까? 내가 이 자매의 마음을 지켜 줄 수 있을까? 누군가의 말처럼 잠자리에 들 준비가 아니라 희생하고 섬길 준비가 나는 되어 있을까? 내가 이 사람과 결혼한다고 했을 때 이 사람을 불행하게 만드는 것은 아닐까? 이런 질문들만이 아니었습니다. 더 중요하게는 나는 하나님만으로 만족하는가? 하나님만을 사랑하는가? 성경이 말하는 진리의 가르침을 사랑하고 순종하는가? 성경이 말하는 대로 살 자세가 되어 있는가? 믿음이 있는가? 회심했는가? 이 같은 수많은 질문을 저 자신에게 던졌고, 저는 솔직하게 대답해야 했습니다. 그리고 계속 대답하며 살아야 할 것도 알았습니다. 이것은 쉽게 결정할 수 없는 일이었고, 그래서 그만큼 괴로웠습니다.

구혼

저는 자매와 신앙에 대해 더 많은 이야기를 나누었고, 특별히 『No, 데이팅』(두란노 역간)이 말하는 내용에 대해서도 자매와 진지하게 나누었습니다. 자매는 이미 저에게 『No, 데이팅』을 추천받아 읽었고 내용을 잘 이해하고 있었습니다. 무엇보다 우리는 하나님에 대한 우리의 신앙에 대해 진지하게 이야기를 나눴습니다.

그리고 어느 날 저는 많이 망설인 끝에 자매에게 전화를 걸었습니다. 기억도 나지 않는 대화 후에 자매에게 말했습니다.

"저……자매님 좋아해요……."

짧지 않은 시간이 흐른 후 대답이 들렸습니다.

"저도요……."

아내와 저는 그렇게 마음을 확인한 후 구혼의 과정을 시작했습니다.

(그 후 한때나마 아내가 속한 모 선교단체에서는 남자친구를 만나려면 터미널로 나가라는 이야기가…….)

우리의 만남도 죄인과 죄인의 만남이기에 여러 죄와 실수가 있었습니다. 그러나 우리 교제를 대부분 지배한 원리는 건강한 신앙이었습니다. 하나님을 향한 사랑이 우선이었습니다. 그렇게 노력했습니다. 우리는 만날 때마다, 이야기할 때마다 복음에 대해 나눴고, 그것이 가장 기뻤습니다. 그래서 인간적으로 서로 알아가는 것도 아주 행복했습니다.

우리는 늘 참된 그리스도인은 누구인가를 고민했고 믿음의 가정에 대해 꿈꿨으며 우리 자신을 준비하는 데 관심을 많이 쏟았습니다.

또 이것은 제가 아내와 교제하기 전부터 감사했던 부분인데, 아내는 외모에 대해서는 단정하게만 할 뿐 필요 이상으로 치장하거나 관심을 많이 두지 않았습니다. 아내는 그보다는 마음을 살

피려고 많이 노력했고, 동시에 제게 도와달라고, 기도해 달라고 했습니다(딤전 2:9 참고).

우리는 둘이 만나서 무엇을 하느냐, 할 수 있느냐, 할 것이냐보다, 각기 혼자 있을 때, 아무도 보는 이 없을 때, 잘 보이고 싶은 애인이 없을 때 우리는 진정 누구인지, 또 각자 경건생활을 정말 얼마나 사랑하여 성실하게 하는지에 대해 살피고 점검해 주고 도와주는 데 마음을 두었습니다.

결혼 직전 저는 에이포A4로 다섯 장 정도 되는 메시지를 청혼하면서 읽어 주었습니다. 그것은 우리가 교제하면서 나누었던 것, 배우고 깨달은 것, 그리고 무엇보다 앞으로 가정을 이뤄서 우리가 반드시 지켜 나가야 할 신앙의 원리와 태도에 대한 정리요 약속이요 기도요 다짐이었습니다. 아내는 다 듣고 나서 "새로운 것은 없네요?" 하며 웃어 보였고, 우리는 그 내용을 가지고 함께 기도했습니다.

그 내용들은 지극히 현실적인 것들이지만 이 세상을 향한 내용은 없었습니다. 우리는 저 영원을 바라보았고, 저 영원한 것들을 위해 잠시 있다 사라질 것들에 우리의 마음을 쏟지 않기로 했습니다. 한편으로는 우리의 연약한 믿음 때문에 두려웠지만, 한편으로는 선하시고 완전하신 하나님이시기에 기대하고 기도했습니다. 우리가 하나 되어 이룰 가정은 하나님께서 짝지어 주신 것이요, 하나님께서 만들어 가실 곳이며, 저 천국을 미리 맛보는 것이고, 우리의 주와 구주가 거하시는 곳이요, 다스리는 곳이기 때문입니다.

결혼

각각 이십 년 이상을 따로 살던 사람들이 함께한다는 것은 결코 쉬운 일이 아닙니다. 적지 않은 갈등이 우리를 힘들게 했습니다. 하지만 그 모든 어려움은, 하나님께서 저희의 신앙과 인격을 단련시켜 주셨던 훈련이었습니다.

아내는 저를 백 퍼센트 신뢰합니다. 그리고 그렇게 제게 순종합니다. 어떤 사람들은 여성의 권리가 회복되거나 오히려 넘어서는 이 시대에 자매가 형제에게 그렇게 하는 것은 구시대적이거나 위험하다고 말합니다. 그러나 아내는 그것이 성경적이라고 생각합니다. 성경이 그렇게 말하기 때문입니다. 바로 그런 이유 때문에 저는 아내에게 더 잘하려고 합니다. 하나님의 말씀에 따를 저를 사랑하고, 신뢰하고, 제게 그렇게 순종하는데 제가 어떻게 소홀히 할 수 있겠습니까? 저의 부주의와 게으름은 아내에게 큰 아픔과 상처가 될 것입니다. 아내의 겸손과 순종과 신뢰는 저로 하여금 더 고민하게, 더 노력하게 만듭니다. 아내 입장에서 생각하고 행동하게끔 인도합니다.

저는 아내에게 이렇게 말합니다.

"믿어 줘서 고마워요……."

그러면 아내는 이렇게 말합니다.

"믿게 해 줘서 고마워요……."

우리의 가정은 결혼 전 우리가 늘 함께 고민하고, 함께 기도하던 주제들을 실천하는 장이 되었습니다. 우리는 하나님의 놀라운 은혜와 선한 인도하심으로 건강하고 경건한 가정을 이루어 가고 있습니다.

함께 나누고 싶은 이야기

하나님께서 제정하신 제도, 결혼

여호와 하나님이 이르시되 사람이 혼자 사는 것이 좋지 아니하니 내가 그를 위하여 돕는 배필을 지으리라 하시니라 여호와 하나님이 아담을 깊이 잠들게 하시니 잠들매 그가 그 갈빗대 하나를 취하고 살로 대신 채우시고 여호와 하나님이 아담

에게서 취하신 그 갈빗대로 여자를 만드시고 그를 아담에게
로 이끌어 오시니 아담이 이르되 이는 내 뼈 중의 뼈요 살 중의
살이라 이것을 남자에게서 취하였은즉 여자라 부르리라 하니
라 이러므로 남자가 부모를 떠나 그의 아내와 합하여 둘이 한
몸을 이룰지로다(창 2:18, 21-24).

하나님께서는 사람을 지으실 때 애초부터 둘이 하나가 되게끔 지으셨습니다. 네, 둘이 하나가 되는 결혼은 교회와 함께 하나님께서 직접 제정하신 제도입니다. 그리고 교회가 그런 것처럼 성경은 결혼도 단지 남녀 사이의 생물학적 결합만이 아니라 그 안에 많은 영적 의미가 있음을 보여 줍니다.

그러므로 사람이 부모를 떠나 그의 아내와 합하여 그 둘이 한
육체가 될지니 이 비밀이 크도다 나는 그리스도와 교회에 대
하여 말하노라(엡 5:31-32).

그래서 결혼은 에베소서 5장에서 말하는 것처럼 신랑이신 그리스도와 신부인 교회의 영적 연합을 의미할 때 쓰입니다. 여러분께서도 잘 아시다시피 신약의 많은 부분과 특히 구약의 아가서가 이를 잘 보여 줍니다(결혼이 단순한 낭만이 아니라 현실임을 보여 주는

아가서가 결혼을 얼마나 아름답게 노래하고 있는지 보십시오).

구약의 역사에서도 하나님께서는 이스라엘 백성이 하나님을 떠나 다른 이방신을 섬기는 것을 신부가 외간 남자와 간음하거나 음행한 것으로 말씀하시는데, 이는 하나님과 하나님의 백성인 이스라엘 사이의 관계가 아주 신비하고 특별한 연합임을 보여 줍니다.

또한 "하나님이 짝지어 주신 것을 사람이 나누지 못할"(마 19:6) 것이라는 우리 주님의 말씀은 결혼이 얼마나 중요한지를 단적으로 보여 줍니다. 두 사람이 만나 결혼하는 것, 한 가정을 이루는 것은 하나님께 속해 있습니다. 이것은 정말 하나님께서 하시는 일입니다. 아무것도 두 사람을 끊을 수 없고, 두 사람의 결혼을 부정할 수 없습니다. 하나님께서 짝지어 주신 것이기 때문입니다. 이것은 정말 아주 특별한 연합입니다.

또 우리는 성경이 결혼을 그리스도와 교회의 연합으로 말해 주는 것을 따라, 또 체험을 통해 결혼이 천국을 미리 맛보는 것임을 압니다. 가정이 항상 하나님을 경외하고 예배하며 서로를 기뻐하고 깊이 사랑할 때, 하나님의 말씀이 그 가정을 다스리고, 가족이 말씀 위에서 살아갈 때 우리는 천국을 맛봅니다. 우리는 그 가정에서 하나님을 만나고, 하나님의 사랑을 깨닫습니다. 그리고 하나님의 사랑을 서로 증거합니다. 믿음 안에서 함께 연합하여 영원한 주와 구주이신 삼위 하나님을 찬양하고 예배합니다. 그래서 천국입니다. 경건한, 믿음의 가정은 그 자체로 하나님께 영광이 됩니다.

그렇기 때문에 믿음의 가정을 이루는 것은 신자에게 가장 중요한 일 중 하나입니다.

교회와 함께 결혼 준비하기

하나님께서는 신자가 하나님의 뜻에 따라 결혼을 하고 가정을 이루어 살 수 있게끔 성경 곳곳에 가정에 대해, 결혼에 대해, 부부가 서로 어떠해야 하는지에 대해 자세하고도 분명한 교훈과 원리를 이미 주셨습니다. 하나님께서 만드신 제도이니 당연합니다. 우리가 할 일은 하나님의 가르침을 잘 배우고 순종하는 것입니다. 이것이 우리의 준비입니다.

감사하게도 하나님께서는 이 모든 원리와 교훈을 우리 개인에게만 주신 것이 아닙니다. 정확히 말하자면 하나님의 교회에게 주셨습니다. 우리 각 개인이 판단하고 결정하는 유일한 주체라면 우리는 많은 실수와 잘못 가운데 빠지게 될 것입니다. 그러나 교회가 있기에 우리는 평안하고 외롭지 않습니다. 교회는 실수와 잘못으로부터 우리를 지켜 주고, 우리가 성경의 교훈과 원리를 따르도록 인도해 줍니다. 더 나아가 성경이 말하고, 교회사가 보여 주며, 우리가 실제 체험하듯이 한 가정은 교회의 지도 아래 있을 때 건강하고 행복합니다. 가정은 하나님의 뜻을 알고 순종할 때 행복합니다. 뜻을 아는 것과 순종하는 것에 기쁨과 즐거움이 있습니다.

그래서 교회는 교회의 태동과 함께 신자에게 성경이 가르치는 결혼의 의미를 가르쳐 주고, 신자와 함께 결혼을 준비하고, 신자에게 결혼의 증인이 되며, 신자와 함께 결혼을 이루어 나갔습니다. 교회는 언제나 신자의 결혼을 개인의 문제가 아니라 교회 공동체의 문제로 보았던 것입니다.

이 주제에 대해 우리는 이야기를 많이 하고 나눌 수 있겠지만 저는 범위를 좁혀서 특정한 주제에 대해 여러분과 나누고 싶습니다. 이 책은 남녀 사이의 애정과 결혼이 주는 달콤함이 어떠한지, 결혼식 이후의 삶에서 필요한 태도나 기술이 무엇인지에 대해서는 언급하지 않습니다. 이들에 대해서는 다른 좋은 책들이 많이 있습니다. 이 책의 주요 목적은 "교회와 함께 배우자를 만나기"입니다. "교회와 함께"가 중요합니다. 결혼 또는 믿음의 가정에 대한 책은 많지만, 믿음의 가정을 이루기 위한 준비나 과정, 즉 "구혼"에 대한 책은 많지 않습니다. 그리고 구혼에 대한 책 중에서 구혼과 결혼을 교회와 연결 지어 이야기하는 책은 거의 없습니다. 저는 이 책에서 교회와 함께 믿음의 가정을 이루기 위한 준비와 과정에 대해 독자 여러분과 나누길 원합니다.

이 책에서 이야기하는 구혼은 단순히 이성 교제, 결혼 적령기에 있는 청년들의 좀 더 신중한 교제, 또는 청혼이 아닙니다. 사전적 의미에서 구혼은 결혼할 상대자를 구하는 것입니다. 이 책에서 말하는 구혼은 성경적 가치관을 기초로 교회의 치리 아래서 건강한 방법으로 배우자를 찾아가는 과정이자 방법입니다. 그래서 저는 『가정 예배』처럼 이 책도 신자와 교회의 바르고 건강한 관계를 염두에 두고 썼습니다.

그리고 "구혼"이 무엇보다 믿음의 문제임도 함께 확인하고자 합니다. 우리는 우리의 믿음을 정직하게 되돌아보면서 하나님께 기도할 것입니다. 하나님께서 우리의 믿음을 강건하게 해 주시기를 구할 것입니다. 우리가 전심으로 주의 뜻을 배우고 따를 수 있기를 간절히 구할 것입니다.

또 우리는 배우자를 만나기 전까지 개인의 준비에 대해서도 함께 생각해 보고자 합니다.

그럼으로로써 우리는 건강하고 바른 방법으로 배우자와 만나는 것을 소망하고 준비할 수 있을 것입니다.

목회자분들, 특히 청소년과 청년을 목양하시는 목회자분들, 결혼을 앞두고 있거나 이성 교제를 생각하고 있는 자녀를 두신 부모님들, 결혼과 이성 교제에 관심이 많은 청소년, 청년들, 결혼 적령기에 있는 청년들, 또 형제나 친구의 구혼과 독신을 위해 같이 기도하며 섬기시는 형제나 친구에게 모두 이 책은 기초적이면서도 가장 중요한 원리들과 유익을 드릴 것입니다.

함께 확인하고 싶습니다. 함께 알고 싶습니다. 함께 경험하고 싶습니다. 함께 소망하고 싶습니다. 그래서 여러분께 손을 내밉니다.

1. 지은이와 지은이의 그 사람이(아내가) 구혼 전 마음을 지키며 서로를 섬기는 모습에서 우리는 무엇을 배울 수 있습니까?

2. 구혼(그 사람을 만나는 준비와 과정)을 시작하기 전 지은이의 진지하고 깊은 고민은 무엇이었습니까? 왜 이런 질문들이 중요합니까? 독자 여러분께서도 자신에게 질문하고 답해 봅시다.

3. 지은이의 구혼 과정을 지배한 주된 원리는 무엇이었습니까? 왜 이것이 주된 원리가 되어야 합니까?

4. 성경은 결혼에 대해 무엇이라고 이야기합니까? 하나님께서 결혼을 제정하셨다는 것에서 알 수 있는 진리는 무엇입니까?

5. 지은이는 신자의 구혼과 결혼이 교회와 함께 준비되고 경험되어야
   한다고 말합니다. 여러분의 생각을 나눠 봅시다.

이제 본격적인 이야기가 시작됩니다. 책을 읽는 동안, 단지 몇몇 사람의 생각이
나 경험이 아니라 성경에 근거한 원리가 깨달아지고 순종이 일어나게끔 기도합
시다.

이 사람이
그 사람입니까

그 사람, 만나다!

우리는 날마다 하나님의 뜻을 구하고 하나님의 인도하심을 구
합니다. 일상의 작은 것들에서부터 누군가를 만나는 것, 어떤 일,
학업이나 취업 등에 이르기까지 우리는 매일, 모든 문제에 대해 하
나님께 기도합니다. 하나님의 뜻이 이루어지게 해 달라고, 하나님
께서 가장 기뻐하시는 것대로 되게 해 달라고 기도합니다. 그것은
하나님께서 우리의 주님이시기 때문입니다. 하나님께서는 신자의
왕이시요, 주인이십니다. 하나님께서 창조주시요, 구원자시기 때
문입니다. 그래서 신자는 하나님의 뜻대로 살 때, 하나님의 주권
아래 살 때 행복합니다.

　결혼은 더욱 그렇습니다. 결혼은 단지 인간적 취향으로 결정할
수 있는 문제가 아닙니다. 어떤 친구와 만나 공부하고, 어떤 동료

와 만나고 어디서 일하는가가 얼마나 많은 차이를 만들어 내는지 우리는 잘 알고 있습니다. 심지어는 어떤 교회에 소속되어 있느냐에 따라 우리 신앙의 정체성과 색깔이 달라집니다. 중요한 것은 필요나 상황에 따라 친구나 회사는 옮길 수 있지만, 결혼은 그렇지 않다는 것입니다. "하나님이 짝지어 주신 것을 사람이 나누지 못할지니라"(마 19:6).

사람은 결혼하면서 배우자와 하나가 됩니다. 모든 것을 하나로 만들고, 공유합니다. 여러분께서도 잘 알고 계시듯이 여기서 둘이 한 몸을 이룬다는 것은 성적 결합만을 의미하지 않습니다. 성적 즐거움과 이성 관계가 주는 여러 감정이 전부거나 가장 중요한 것이 결코 아닙니다. 둘이 한 몸을 이룬다는 것은 무엇보다 영적 결합입니다. 즉 배우자와 한 신앙 안에 있게 됩니다. 부부는 한 하나님을 향해 같은 마음으로 예배합니다. 같은 눈으로 교회와 세상을 바라봅니다. 한마음으로 가정 경건생활을 합니다. 한마음으로 아이를 낳고 양육합니다. 모든 문제에 대해 부부는 함께 고민하고, 함께 감당하고, 함께 기뻐하고, 함께 즐거워하고, 함께 슬퍼하고, 함께 행복해합니다. 언제나 그리스도 안에서, 그리스도와 함께, 그리스도를 위해, 그리스도로 말미암아 그렇습니다. 네, 같은 신앙으로 사는 것입니다.

그런데 만약 나는 성경을 유일한 권위로 인정하는데 배우자는 그렇지 않다면 그 결혼생활은 고난과 역경, 시험과 시련의 연속일 것입니다. 모든 의사소통과 의사결정에서 삐걱거림이 있을 것입니다. 하나님의 법이 자연스럽게 지배하는 가정이 아니기 때문입니다.

또 배우자가 아직 회심하지 않았고, 그래서 회심에 대해 소중하게 생각하지 않는다면 자녀 양육이나 다른 문제들에 대해 서로 생각이 다를 것이고 이는 갈등이 될 것입니다.

좋아하는 영화 장르가 비슷하고, 같이 여가생활을 할 수 있는 무엇인가가 있고, 입맛도 맞고, 정서적으로도 서로 안정감을 주어 행복하지만 배우자는 삶의 모든 부분에서 하나님의 주권을 인정하고 작은 문제든 큰 문제든 하나님의 모든 말씀에 따라 살려고 하는데 나는 그렇지 못하다면 그 행복은 오래가지 못하고, 진짜 행복도 아닙니다.

한 사람의 삶이 하나님 앞에 있어야 하고, 진리를 따를 때 가장 행복하고 기쁜 것처럼, 부부생활도 하나님 앞에 있어야 하고, 진리를 따를 때 가장 행복하고 기쁩니다. 어느 한 사람은 하나님 중심적으로 사는데, 다른 한 사람은 그렇지 않다면 결코 행복할 수 없습니다.

결혼해서 노력하면 될까요? 네, 노력해야 합니다. 하나님 중심적 삶을 사는 부부도 계속 노력해야 합니다. 그러나 결혼하기 전부터 노력해야 합니다. 우리 각자가 그렇게 준비되어야 합니다.

왜냐하면 사람은 결국 자기 수준에 맞는 사람과 만나게 되어 있기 때문입니다. 하나님만이 전부인 사람에게 하나님만이 전부가 아닌 사람이 눈에 들어올 리가 없습니다. 적당히 신앙생활하는 사람에게는 하나님만이 전부인 사람이 너무 부담됩니다. "그렇게까지 경건하거나 열심인 사람 말고"라는 말은 자기는 거기에는 관심이 없다는 말이고 싫다는 말입니다. 그리고 실제로 그 판단은 그 사람에 대한 평가를 넘어 하나님과 신앙에 대한 평가입니다.

저는 지금 신앙 수준이 높은 사람과 그렇지 않은 사람을 구분하는 것이 아닙니다. 오늘날 기독교는 사람을 세 부류로 잘못 나누었습니다. 첫째 부류는 고상하고 신령하여 수준이 높은 신자입니다. 둘째 부류는 회심했지만 아직 세상을 사랑하거나, 세속적인 신자입니다. 마지막 부류는 거듭나지 않은 사람입니다. 그러나 성경은 거듭나거나 거듭나지 않거나 둘 중 하나라고 말합니다. 거듭난 사람 중 성화가 많이 진전되어 고상한 사람이 있고, 회심한 지 얼마 안 되어 아직 영적으로 어린아이의 때에 있는 사람도 있습니다. 그러나 영적으로 어린아이의 때에 있다 할지라도 분명한 신앙의 증거가 있습니다. 때로는 넘어지고 쓰러질지라도 일반적인 신앙의 성향은 분명 회심하지 않은 사람과 분명한 차이를 보이는 것입니다.

그렇다면 이제 우리는 다른 사람이 아니라 바로 우리 자신을 시험해야 합니다. 우리는 결코 내가 진짜 원하는 것과 다른 것을 선택할 수 없기 때문입니다. 우리의 선택은 언제나 우리 자신 자체입니다. 즉, 우리는 우리가 가장 중요하다고 여기는 가치에 따라 배우자를 찾습니다. 그래서 우리가 누구인가가 중요합니다. 배우자를 찾는 과정에서 실제 우리 믿음이 어떤 것인지가 드러나기 때문입니다. 다시 말하면, 내가 선택하는 사람이 바로 내 믿음인 것입니다.

우리는 신앙이 좋은 사람과 만나고 싶다고, 결혼하고 싶다고 말할 수 있습니다. 신앙을 가장 중요하게 생각한다고 말할 수 있습니다. 그러나 실제로는 신앙보다는 뛰어난 외모나 풍부한 경제력, 또 여러 다른 매력이 가장 중요한 기준이 될 수 있습니다. 하지만 우리는 신앙인이기 때문에, 그리고 이 세상에서는 잠깐 살다가 죽을 영혼을 가진 존재들이기에, 저 영원에 대해 알고 있기 때문에 구혼에서 가장 중요한 기준이자 조건은 신앙이어야 합니다.

신앙이 우선이라 함은 다른 부분들은 다 크게 매력이 없거나 연약한데 신앙만 좋으면 된다는 의미가 아닙니다. 왜냐하면 정말 어떤 사람의 신앙이 참되다면 그 사람은 다른 부분들에서 결코 매력이 없거나 연약할 수가 없기 때문입니다. 이 말은 그 사람이 완벽하다는 말이 아닙니다. 그 사람이 참 신앙인이라면 그 사람은 회심한 자로서 그리스도인으로서 분명한 변화를 체험한 사람입니다. 따라서 여전히 부패하고 연약한 부분이 많이 있지만 새로운 본성에 따라 분명히 방향성이 달라졌고, 거룩을 위해 힘쓸 것입니다. 또 우리가 흔히 영적인 일이라고 생각하는 영역뿐만 아니라 일상에서도 부지런하고 친절하며 정이 많고 헌신적일 것입니다. 지금 우리는 믿음과 성품 등에 대해 말하고 있습니다. 지금까지 이야기한 기준이나 조건은 직업, 집의 소유, 자동차의 크기, 직장, 외모, 능력과 같이 일시적이고 변화무쌍한 조건들과는 비교할 수 없는 탁월한 것들입니다.

또한 우리가 결혼해서 이루는 가정은 무엇보다 하나님을 경외하고 예배하는 곳입니다. 그곳은 천국의 모형입니다. 가정의 존재 이유는 하나님께 영광 돌리기 위함입니다. 둘이 하나가 되어 함께 예배하고, 함께 순종하고, 함께 사랑하며, 함께 거룩해져 가는 곳입니다.

따라서 우리는 당연히 신앙을 가장 우선으로 생각하고 신실한 신앙인과 결혼해야 합니다. 그리고 상대방도 신앙인과 결혼했다고 말할 수 있게끔 우리가 먼저 참 신앙인이 되어야 합니다.

따라서 우리가 하나님을 주와 구주로 고백한다면 우리는 배우자를 만나고 교제하는 문제에서 우리의 인간적 취향이 아니라 우리의 믿음(하나님께서 우리에게 주신 믿음)을 기준으로 해야 합니다. 물론 믿음과 취향의 문제가 항상 반대 개념은 아닙니다. 우리의 성향과 기호, 이성관을 무조건 무시해서는 안 될 것입니다. 다만 이 글에서는 신앙만이 절대 기준이고, 가장 중요함을 강조하기 위해 다소 단순하게 나누어서 말씀드렸습니다.

중요한 것은 우리가 배우자를 만나고 교제하는 문제에서 가장 중요한 기준과 틀은 하나님을 향한 참된 믿음이라는 것입니다.

하나님께서 기뻐하시지 않는 불신자와 하는 결혼

성경은 불신자와 결혼하는 것을 죄라고 말합니다. 특히 구약에서는 불신자와 결혼하는 것이 단지 한 개인이나 가정의 문제가 아니라 항상 민족, 즉 교회 전체의 문제임을 분명히 합니다. 그래서 에스라 10장에서는 이스라엘 백성이 포로생활에서 하나님께 돌아올 때 특별히 이방 여인과 결혼한 죄에 대해 언급하며 그 사람들을 조사하여 그 명단을 기록합니다. 이 기록은 (몇 가지를 더 이야기할 수 있겠지만) 하나님을 믿지 않고 하나님을 대적하는 불신자와 하는 결혼이 하나님께 결코 작은 죄가 아님을 보여 줍니다.

성경은 우리가 믿음 안에서 결혼하여 가정을 이루어야 한다고 분명하게 말합니다. 믿는 자와 결혼하면 그렇지 않은 것보다 더 좋다가 아닙니다. 반드시 그러해야 한다고 말합니다. 그것이 하나님의 뜻입니다. 믿지 않는 자와 결혼하는 것은 하나님께 합당하지 않은 것입니다.

그러나 성경과 우리 역사와 경험이 보여 주는 것처럼 많은 사람이 인간적이거나 육체적인 매력 때문에 믿지 않는 배우자를 맞습니다. 많은 사람이 신앙이 아니라 다른 매력이나 조건에 너무나 지나친 관심을 두고 애정을 쏟습니다. 정말 관심을 두고 애정을 쏟아야 하는 것은 믿음과 경건인데 말입니다. 행복은 배우자의 인간적 매력에 달려 있지 않는데 말입니다. 부와 명예, 외모는 모두 일시적인 것들이고 변하는 것인데도 말입니다. 정말 안타깝고 슬픈 일입니다.

믿음의 선배들의 이야기

우리에게 본이 되는 믿음의 선배들은 배우자를 찾을 때 언제나 신앙을 기본으로, 바르고 건강한 성품과 마음을 기준으로 삼았습니다.

존 칼빈John Calvin은 주위 사람들에게 부탁하며 말하기를 자신은 여자의 외모에 관심이 없으며, 겸손하고 친절하며 자신의 건강을 돌보아 줄 사람을 찾는다고 했습니다. 조나단 에드워즈 Jonathan Edwards가 자신의 아내에 대해 언급한 이야기들은 모두 아내의 신앙에 대한 것들입니다. 에드워즈는 아내인 사라 에드워즈의 신앙을 높이 평가했고, 닮기를 원했습니다. 두 사람은 경건한, 믿음의 가정을 이루어 갔으며, 많은 가정의 본이 되었습니다. 조지 휫필드George Whitefield는 결혼 생각이 없다가 에드워즈 가정을 방문한 이후 그토록 복되고 아름다운 가정을 꿈꾸게 되고 후에 경건한 여인과 결혼합니다.

신앙의 위대한 선배들의 전기를 보면 그분들은 말로만 가정의 행복을 말한 것이 아니라 실제로 믿음의 가정의 탁월함과 행복이 무엇인지를 삶으로 보여 주며 살았습니다. 그런데 그것은 언제나 믿음의 여인과 결혼했기 때문이었습니다.

믿음의 선배들의 이야기에는 세상이 말하는 부와 명예, 외모 등은 언급되지 않습니다. 왜냐하면 그것들은 중요하지 않기 때문입니다. 언급되는 것은 믿음과 성품입니다. 서로에게 빠져드는 가장 큰 이유는 하나님 앞에서 서로의 신앙입니다. 서로 존경하고 흠모하며 깊이 사랑하는 이유는 상대방의 신앙이 말해 주는 하나님 때문입니다. 하나님 앞에서 신앙이 크고 높으며 벅차기 때문입니다. 바로 그 신앙이 행복의 이유기 때문입니다.

하나님의 사랑을 아는 사람이
하나님의 사랑으로 사랑할 수 있습니다

신앙만이 우리가 하나님을 더 깊이 알고, 더 깊이 사랑하게 해 줍니다. 부할 때나 가난할 때나, 건강할 때나 아플 때나 우리로 하여금 우리 삶의 주권자신 하나님께 엎드리며 하나님의 뜻이 하늘에서 이루어진 것같이 땅에서도 이루어지게 해 달라고 기도하게 하는 것은 신앙뿐입니다. 큰 어려움, 지인의 배신, 깊은 절망 등에서 우리를 진정으로 위로해 주는 것은 하나님의 사랑을 아는 배우자의 사랑입니다. 하나님의 사랑을 아는 배우자만이 우리를 하나님의 사랑으로 사랑하며 위로하고 격려할 수 있습니다. 믿음을 북돋는 격려와 위로의 말에 힘이 있는 것은 배우자가 진실로 하나님을 사랑하는 사람이며, 그 사랑을 알고 사는 사람이기 때문입니다. 어떤 어려움도 함께 견딜 수 있는 것은 배우자가 하나님을 신뢰하고 하나님께서 주시는 모든 것이 선함을 알기 때문입니다. 우리를 결코 버리거나 떠나지 않기 때문입니다. 기쁘고 즐거운 일이 있을 때 행복한 것은 하나님 때문이고, 하나님을 사랑하는 배우자 때문입니다. 배우자를 존경할 수 있는 이유도 배우자가 하나님 안에 있기 때문입니다. 하나님의 말씀을 사랑하고 순종하기 때문에 우리도 배우자에게 순종할 수 있습니다. 배우자를 존중하고 배려할 수 있는 이유도 배우자가 하나님을 사랑하는 사람이기 때문입니다. 배우자의 안에 진리와 사랑이 풍성한데, 그것이 하나님의 것이기 때문에 그렇습니다. 자신을 다 주었음에도 더 주고 싶어하는 것은, 더 주지 못하는 것이 미안한 것은 우리 안에 하나님의 사랑이 있기 때문입니다. 그것이 행복인 이유는 다 하나님의 사랑 때문입니다.

이 모든 이유로 우리는 하나님을 사랑하는 신앙인과 하는 결혼만을 생각해야 합니다. 이 모든 이유로 우리는 신앙이 가장 중

요한 조건과 이유가 되게 해야 합니다. 지금까지 말한 모든 이유
로 우리는 신앙을 준비해야 합니다.

믿는 자는 언제나 교회와 함께

더 나아가기 전에 몇 가지 전제를 함께 나누고 싶습니다.

유아세례 문답(대한예수교장로회 총회)

1. 여러분은 이 아이가 예수 그리스도의 피로 씻음을 받고 성
   령으로 거듭나는 은혜가 필요한 것을 인정하십니까?
2. 여러분은 이 아이가 하나님의 언약의 자손이며, 주 예수
   그리스도를 믿음으로 구원 얻을 줄 믿습니까?
3. 여러분은 지금 이 아이를 하나님께 바치며, 겸손한 마음으
   로 하나님의 은혜를 의지하며, 이 아이에게 경건한 삶의 모
   범을 보이기를 힘쓰며, 이 아이를 위하여 기도하며, 이 아
   이와 함께 기도하고, 거룩한 신앙의 바른 길을 가르치며,
   이 아이를 주의 말씀과 교양으로 양육하기를 서약합니까?

유아세례 시 부모는 하나님과 회중 앞에서 서약합니다. 그 서약
은 본질적으로 영적인 것이지만 (구약의 율법들만 보서도) 당연히 물
질적인 모든 것이 포함됩니다. 부모는 아이의 회심과 경건을 위

해 필요한 모든 일을 최우선으로 합니다. 성실하게 부지런히 합니다. 그리고 필요한 모든 일을 합니다. 게을리하지 않습니다.

이때 회중 또한 부모와 함께 하나님 앞에서 서약합니다. 영적 가족으로서, 한 몸의 지체로서 아이의 회심과 경건을 위해 부모와 함께 힘쓰고 기도하며 지원하기로 서약합니다. 그래서 상황에 따라 부모가 일찍 죽은 아이들의 양육을 교회가 책임지기도 합니다. 이것은 교회가 언약공동체기 때문입니다. 교회가 영적인 가족이기 때문입니다.

교회는 단지 서로 신학적 취향이나 신앙의 색깔이 비슷한 사람들끼리 모여서 친교하는 곳이 아닙니다. 교회는 예수님을 주와 구주로 고백하는 신자들이 예수님을 머리로 한 몸을 이루는 신앙공동체입니다. 따라서 신자 한 명의 고민이 공동체의 고민이 되고, 신자 한 명의 회개가 공동체의 회개가 되고, 신자 한 명의 삶과 결혼이 공동체의 삶과 결혼과 연결됩니다. 즉 언제나 신자는 모든 일을 하는 데 교회의 치리 안에 있습니다. 치리는 하나님의 영광과 우리의 신앙을 위해 하나님께서 제정하신 교회 안에서 하나님의 말씀에 따라 살기 위한 통치와 질서를 의미합니다. 교회의 회원이 될 때 우리는 교회의 치리에 대해 서약합니다. 따라서 신자는 언제나 교회의 치리 안에 있으며, 순종해야 합니다.

특별히 결혼은 교회에서 언제나 가장 중요한 치리의 대상이었습니다. 성경에서도, 교회 역사에서도 결혼은 늘 개인과 개인의 문제가 아니라 가족과 가족, 공동체와 공동체의 문제였습니다. 부모와 교회는 단지 좋은 충고를 해 주고, 최종 결정은 본인이 하는 것이 아니었습니다. 같이 고민하고 같이 결정했습니다.

결혼이 교회의 치리 안에 있어야 하는 실용적인 이유들도 많습니다.

결혼을 이미 하신 분들은 청년들에게 결혼이 무엇인지, 결혼생활에 무엇이 가장 중요한지, 두 사람이 같은 신앙 안에 있다는 의미가 무엇인지 구체적이고 실제적으로 가르쳐 줄 수 있습니다. 이것은 단지 좋은 책을 읽는다고, 좋은 세미나를 듣는다고 해서 배울 수 있는 것이 아닙니다. 옆에서 보고 배워야 합니다. 같은 신앙공동체 안에서, 부모 세대에게, 결혼 선배들에게 배워야 합니다. 눈으로 직접 보고 배워야 합니다. 그분들과 함께 호흡하며 배워야 합니다. 같이 기도하며 배워야 합니다. 같이 고민하며 배워야 합니다.

어떤 분들은 교회가 별 걸 다 간섭한다고 생각하실지 모릅니다. 그러나 교회가 내가 누굴 만나든, 누구와 결혼하든 간섭하지 말라고 하는 것은 내가 회심하든 안 하든, 내가 하나님을 바로 믿든 안 믿든, 내가 거룩함을 추구하든 말든, 죄를 사랑하든 말든, 외롭든 말든, 비참함에 빠져 있든 말든 간섭하지 말라는 것과 똑같습니다.

신자는 교회에서 태어나고 교회에서 살며 교회 안에서 죽습니다. 그러니 이 책에서 이야기하고 있는 주제만이 아니라 모든 문제에 대해 우리는 교회와 함께해야 합니다. 교회의 지도를 받고, 교회와 함께 고민하고, 교회와 함께 기도해야 합니다. 부모형제와 목사님, 장로님들과 모든 신앙의 선배들과 함께 그렇게 해야 합니다. 이것이 신자의 삶이요, 교회와 신자의 관계입니다.

공동체 안에서 발견하고 만나는 것이 건강하고 좋습니다

흔하고 잘못된 상식 중 하나가 이성을 많이 만나 봐야 이성을 알 수 있다는 생각입니다. 저는 이성을 많이 만난다고 해서 이성을 알 수 있다고 생각하지 않습니다. 물론 어떤 면에서는 그런 부분들이 있을 수 있습니다. 그러나 이성을 알기 위한 것이 목적이라면 이성과 둘만의 만남이 아니라 공동체 안에서 이루어지는 자연스러운 만남이 이성을 아는 데 가장 좋은 방법이라고 생각합니다. "구혼"을 목적으로 하지 않고 많은 이성과 정을 주고받는 것, 감정을 저울질하는 것은 모두 건강한 것이 아닙니다. 우리는 한 사람과 결혼해서 삽니다. 우리가 이성의 정을 주고받아야 할 대상은 "그 사람"뿐입니다.

이성을 안다는 것은 "이성"적 부분만 아는 것이 아닙니다. 우리는 서로 다른 성 이전에 "사람"이라는 공통분모를 갖고 있습니다. 이성을 안다는 것은 사람이라는 공통분모와 함께 이성적 부분을 아는 것입니다. 그런데 만약 어떤 사람에 대한 공통분모에 해당하는 부분을 알지 못한 상태에서 바로 교제를 시작하게 되면 보통은 이성적 부분에 대해서만 알게 되고, 공통분모는 모르게 됩니다. 상대방의 이성으로서 갖는 특징에 대해서는 여럿 알 수 있겠지만, 이성 이전에 한 사람으로서 갖는 특징에 대해서는 많이 알 수 없을 것입니다. 알 수 있어도 무척 제한적일 것입니다. 이미 감정이 기울어져 있는 상황에서 남녀는 서로 되도록 호의적으로 보이기 위해 자신을 꾸미기 때문입니다(일부러, 의도적으로 그렇다는 말이 아닙니다. 우리 자신도 모르게 그렇게 된다는 얘기입니다). 그리고 그렇게 알게 된 이성적 부분은 불완전하거나 정확하지가 않을 것입니다. 공통분모와 함께 봐야 하기 때문입니다.

공동체 안에 있으면 자연스럽게 (공통분모를 포함한) 이성에 대해 알 수 있습니다. 가장 좋은 것은 같은 공동체 안에서 함께 봉사하며, 함께 공부하며, 그렇게 여러 가지를 함께 경험하는 것입니다. 함께 성경과 신앙을 공부하면서 이 사람이 성경을 어떻게 생각하는지, 어떤 자리에 놓아두는지 알게 되고, 성경을 실제 믿고 있는지, 얼마나 의지하는지 보게 됩니다. 이 사람에게 어떤 개념이 어떻게 이해되고 있는지, 또 그것을 실제로 삶에서는 어떻게 실천하거나 표현하는지 등은 단지 둘만의 시간을 갖고 주로 말로만 대화

한다고 해서 알 수 있는 것이 아닙니다. 그것은 우리도 속기 쉽고, 상대방도 자신도 모르게 속이기 쉬운 것입니다. 오랜 시간 한 공동체 안에서 함께 배우고, 함께 봉사하고, 함께 기도하는 것이 가장 건강하고 좋은 방법이라고 생각합니다.

물론 공적 모임에서 반드시 다른 사람의 면면을 백 퍼센트 진실되게 알 수 있는 것은 아닙니다. 우리가 얼마나 많은 경우 위선적인지를 보면 알 수 있습니다. 그럼에도 사적으로 만날 때보다 공적 모임에서 사람을 더 잘 알 수 있습니다. 자신도 모르는 사이에 자신의 인격과 말과 생각이 드러나기 때문입니다. 숨기기가 어렵기 때문입니다. 다르게 말하면 우리는 공적 모임에서 다른 사람의 진면목을 더 잘 알 수 있습니다. 이 사람이 얼마나 하나님을 사랑하는지, 얼마나 진실된지, 얼마나 헌신적인지, 얼마나 인격적인지, 얼마나 친절한지 잘 알 수 있는 것은 공적 모임을 통해서입니다.

물론 사적으로 만나야만 알 수 있는 것들도 있습니다. 그러나 그렇게 알 수 있는 것들을 위해 사적으로 먼저 만날 필요는 없습니다. 순서는 공적 모임에서 찾아보는 것이고, 그 후에 구혼 과정을 거치면서 사적으로 만나야만 알 수 있는 것들을 알아 가는 것입니다.

서로 좋은 감정이 있으면 교제해도 될까요

약 십 년 전에 있었던 일입니다. 제가 좋아하고 또 저를 좋아해 주는 몇몇 후배들에게 이 책에서 말하는 구혼의 의미와 내용에 대해 이야기했습니다. 모두 크게 동의하면서 고맙다고 말했습니다. 그리고 잘 지켜봐 달라고, 목사님과 부모님과 제게 모두 허락을 받겠다고, 함께 기도하고 함께 결정하겠다고 말했습니다. 그런데 얼마 후, 그중 제가 볼 때는 아직 교제를 시작할 준비가 안 된 몇몇 후배들이 교제 사실조차 말하지 않고 이미 교제를 시작했습니다. 저만이 아니라 목사님도 반대하셨고, 부모님들은 아예 모르셨습니다. 그래서 왜 사귀냐고 물었는데 아무도 대답을 못했습니다. 무엇 때문에 교제하는지 물었는데 아무도 대답을 못했습니다.

이성을 알기 위해서라면 교회의 공적 모임에서 배우면 됩니다. 단지 좋은 감정 때문에? 외로움 때문에? 나를 좋아해 주니까? 상대방이 무척 매력적이어서? 그러면 좋은 감정이 들 때마다, 외로울 때마다 교제해도 될까요? 나를 좋아하는 사람과 모두, 무척 매력적인 사람과 모두 교제해야 할까요?

우리의 교제는 단순한 사귐이 되어서는 안 됩니다. 우리의 교제는 구혼이어야 합니다. 서로 결혼을 전제로 한 만남이어야만 합니다. 결혼을 전제로 한 분명한 목적이 있는 교제가 건강하기 때문입니다.

자, 그렇다면 언제 구혼(결혼을 전제로 한 교제)을 시작해야 할까요? 어떻게 해야 이 사람이 그 사람, 하나님께서 내게 허락하신 배우자라는 사실을 알 수 있을까요? 그것을 서로 어떻게 확인해야 하는 것일까요?

배우자를 만나고 결정하는 네 그룹

지금까지 한 이야기를 바탕으로 우리는 교회와 부모님과 믿음의 친구들과 이 모든 일을 함께 고민하고, 함께 기도하고, 함께 결정합니다.

첫째 그룹 – 우리 자신
둘째 그룹 – 부모
셋째 그룹 – 교회(목사와 장로)
넷째 그룹 – 멘토, 선배, 친구들

첫째 그룹 – 우리 자신(결혼 당사자)

결혼 당사자인 우리가 첫째 그룹입니다. 당연히 우리는 그리스도인이어야 합니다. 그리스도인이 아니라면 이 책에서 말하는 모든 전제와 실천이 의미 없기 때문입니다. 우리는 명목상의 그리스도인이 아닌 참된 그리스도인으로서 결혼만이 아니라 우리의 모든 삶과 모든 문제에 대해 하나님의 주권과 섭리를 인정하는 사람들입니다. 우리는 하나님의 뜻이 언제나 옳고, 옳을 뿐만 아니라 선하며, 완전한 것을 믿습니다. 우리는 특히 결혼 문제에서 더욱 그러해야 함을 알고, 그렇기를 원합니다.

우리 자신에 대해서는 책 전체에서 이야기하고 있기 때문에 여기서는 더 자세히 이야기하지는 않겠습니다.

둘째 그룹 - 부모

둘째 그룹은 우리의 부모입니다(형제도 포함됩니다). 부모의 권위는 하나님께서 주신 것이고, 부모의 지지는 무엇과도 비교할 수 없는 힘과 위로입니다. 부모는 말 그대로 부모입니다. 우리의 결혼에 가장 관심이 많은 분들이십니다. 부모처럼 우리의 결혼을 위해 밤낮으로 기도하는 사람들은 없습니다. 또 부모는 우리를 키우신 분들이시기에 우리의 성격과 장단점, 우리의 가능성, 우리의 신앙 등에 대해 누구보다 잘 알고, 그래서 가장 적절한 조언을 해주실 수 있는 분들입니다.

특별히 부모의 권위와 지지와 허락 등은 아직 결혼하지 않은 우리에게 결혼을 포함한 모든 문제에서 결정적입니다. 이것은 아주 중요합니다. 오늘날은 일반적으로 부모의 권위가 땅에 떨어져 있습니다. 많은 사람이 자신의 부모가 아니라 좋아하는 목회자나 또래들과만 자신의 삶을 나누고 결정합니다. 어떤 사람에게는 부모의 자리가 아예 없어 보입니다. 부모는 단지 낳아서 길러 준 존재일 뿐입니다. 그러나 이것은 하나님께서 기뻐하시는 것도 아니고, 하나님께서 자신의 거룩하심을 보이시는, 또 우리 자신을 위해 명령하신 율법에도 어긋납니다. 게다가 우리 또한 언젠가는 부모가 된다고 생각할 때 이런 일들은 건강하지 못합니다.

우리 시대 많은 가정이 부모자녀간에, 또 형제간에 대화를 잃어버린 것은 통탄할 일입니다. 함께 몸과 마음으로 만들어 가는 경험들이 아주 적습니다. 이것이 문제입니다. 사람은 가족 사이에서 이루어지는 관계를 기초로 세상을 살아가기 때문입니다. 가족과 사랑과 신앙으로 관계가 깊은 사람은 세상을 바라보는 눈도, 삶을 바라보는 태도도 건강합니다. 무엇보다 신앙이 단단합니다. 그러나 가족과 관계가 열정적이지 않은 사람은 그렇지 못한 경우가 많습니다. 어렸을 때부터 부모형제와 함께 신앙과 깊은 사랑으로 연합해야 합니다. 부모에게 잘 배우며, 부모에게 순종함으로 하나님의 율법을 배우고, 하나님의 질서를 잘 배우는 것이 중요합니다. 혹 지금까지는 여러 사정과 이유로 그렇지 못했다면 지금부터라도 그렇게 하면 됩니다. 노력해야 합니다. 부모형제와 친밀해지고, 관계가 회복되면 겉으로 보기에 전혀 상관없이 보이는 문제들도 아주 쉽게 해결되는 경우들이 많습니다. 가족 관계만이 줄 수 있는 영적이고 정서적인 지지와 안정 등은 아주 놀라운 힘이 됩니다. 우리는 이런 주제에 대해 더 많은 이야기를 할 수 있을 것입니다. 어쨌든 이런 가족 관계의 기초는 우리가 부모에게 잘 배우며 순종하는 것입니다. 부모와 함께 고민하고 기도하며 경험하는 것입니다.

이런 이유로 여기서 부모(특히 아버지이자 남편인 가장)의 권위와 위치가 얼마나 중요한지, 이에 대해 하나님께서 어떻게 말씀하시는지 잠깐만 살펴보겠습니다. 성경 전체에서 이야기하고 있지만 여기서는 민수기 30장만 보겠습니다. 민수기 30장은 서원에 대한 하나님의 율법입니다.

모세가 이스라엘 자손 지파의 수령들에게 말하여 이르되 여호와의 명령이 이러하니라 사람이 여호와께 서원하였거나 결심하고 서약하였으면 깨뜨리지 말고 그가 입으로 말한 대로 다 이행할 것이니라 또 여자가 만일 어려서 그 아버지 집에 있을 때에 여호와께 서원한 일이나 스스로 결심하려고 한 일이 있다고 하자 그의 아버지가 그의 서원이나 그가 결심한 서약을 듣고도 그에게 아무 말이 없으면 그의 모든 서원을 행할 것이요 그가 결심한 서약을 지킬 것이니라 그러나 그의 아버지가 그것을 듣는 날에 허락하지 아니하면 그의 서원과 결심한 서약을 이루지 못할 것이니 그의 아버지가 허락하지 아니하였은즉 여호와께서 사하시리라 또 혹시 남편을 맞을 때에 서원이나 결심한 서약을 경솔하게 그의 입술로 말하였으면 그의 남편이 그것을 듣고 그 듣는 날에 그에게 아무 말이 없으면 그 서원을 이행할 것이요 그가 결심한 서약을 지킬 것이니라 그러나 그의 남편이 그것을 듣는 날에 허락하지 아니하면 그 서원과 결심하려고 경솔하게 입술로 말한 서약은 무효가 될 것이니 여호와께서 그 여자를 사하시리라 과부나 이혼 당한 여자의 서원이나 그가 결심한 모든 서약은 지킬 것이니라 부녀가 혹시 그의 남편의 집에서 서원을 하였다든지 결심하고 서약을 하였다 하자 그의 남편이 그것을 듣고도 아무 말이 없고 금하지 않으면 그 서원은 다 이행할 것이요 그가 결심한 서약을 다 지킬 것이니라 그러나 그의 남편이 그것을 듣는 날에 무효하게 하면 그 서원과 결심한 일에 대하여 입술로 말한 것을 아무 것도 이루지 못하나니 그의 남편이 그것을 무효하게 하였은즉 여호와께서 그 부녀를 사하시느니라 모든 서원과 마음을 자제하기로 한 모든 서약은 그의 남편이 그것을 지키게도 할 수 있고 무효하게도 할 수 있으니 그의 남편이 여러 날이 지나도록 말이 없으면 아내의 서원과 스스로 결심한 일을 지키게 하는 것이니 이는 그가 그것을 들을 때에 그의 아내에게 아무 말도 아니하였으므로 지키게 됨이니라 그러나 그의 남편이 들은 지 얼마 후에 그것을 무효하게 하면 그가 아내의 죄를 담당할 것이니라 이는 여호와께서 모세에게 명령하신 규례니 남편이 아내에게, 아버지가 자기 집에 있는 어린 딸에 대한 것이니라.

하나님께 한 서약임에도, 부모의 허락이 없으면 무효가 된다고 말합니다. 하나님께 한 서원이지만 남편이 허락하지 않으면 무효가 된다고 합니다. 이는 하나님께서 한 가정이 무분별하게 각자가 따로 하나님과 관계를 맺고 신앙생활하는 것을 기뻐하지 않으신다는 것을 보여 줍니다. 하나님께서는 한 가정이 건강한 질서 아래서 신앙생활해야 한다고 말씀하시는 것입니다.

십계명을 보십시오. 잠언이나 전도서를 보십시오. 또 성경 어디라도 보십시오. 자녀들은 부모에게 순종해야 합니다. 결혼하여 한 가정을 이루기 전에는, 결혼하여 남편의 권위와 질서 아래 들어가기 전에는 부모의 권위와 질서 아래 있는 것이 하나님의 법입니다. 즉, 그렇게 하는 것이 우리에게 가장 좋은 것입니다.

그러므로 일반적으로 부모가 반대하는데도 누군가와 교제한다거나 결혼하는 것은 궁극적으로 부모가 아니라 하나님께 범죄하는 것입니다.

반대로 우리의 부모가 하나님의 말씀과 방법에 따라 우리의 교제를 적극적으로 찬성하고 지지한다면 그것이 우리에게 얼마나 큰 위로와 격려가 될까요? 우리가 교제하면서 겪는 감정의 흐름과 판단해야 하는 모든 문제에 대해 적극적으로 함께 고민해 주며 아파해 주고 기뻐해 준다면 우리는 얼마나 평안하고 힘이 넘칠까요? 그 누구도 부모를 대신할 수 없습니다. 아무도 부모의 신앙과 사랑과 함께함을 대신할 수 없습니다. 아무도!

셋째 그룹 - 교회

셋째 그룹은 교회입니다. 좀 더 좁게는 담임(담당) 목사님과 장로님이 될 것입니다.

중요하기 때문에 조금만 반복해서 말씀드리겠습니다. 교회는 세워진 후부터 지금까지 혼인을 각 개인의 문제로 보지 않고 언제나 교회의 문제로 보았습니다. 그래서 언제나 교회의 인도와 보호 아래 있게 했습니다. 교회의 지도를 받게 했습니다. 네, 우리 믿음의 선조들은 한 사람의 결혼 문제를 당사자나 가족의 문제로만 보지 않고 교회 공동체의 문제로 보았습니다. 하나님께서 결혼 제도를 만드셨기 때문입니다. 만약 누군가가 믿지 않는 자와 결혼한다면 그것은 하나님의 말씀과 법에 직접 반대되는 것일 뿐만 아니라 교회의 순결에도 영향을 미치기 때문입니다.

믿지 않는 자와 결혼하는 것과 교회의 치리

우리 선조들은 믿지 않는 자와 결혼하는 사람이 있을 때 그 사람을 징계했습니다(성경에 따라 몇 단계로 나뉩니다. 먼저 몇몇 사람이 강권합니다. 듣지 않으면 교회가 가서 도전과 경고를 하며 돌이키게 합니다. 그래도 듣지 않으면 작은 징계부터 수찬정지, 심지어 출교까지 하게 됩니다). 교회 모든 성도 앞에서 누구누구가 어떤 이유로 징계를 언제부터 언제까지 받게 됐다고 이야기하며 그 사람이 그 기간 내에 충분히 회개할 수 있게끔 같이 돕고 기도했습니다. 여기서 징계의 목적은 징계 그 자체가 아니라 징계를 받는 사람의 회개입니다. 더 나아가서 교회 전체의 순결을 지키는 것입니다. 다른 사람들에게는 경고가 됩니다(치리가 공적으로 되어야 하는 이유입니다. 또 공적으로 하지 않을 경우 뒤에서 수군수군하는 것이 교회를 정말 크게 망가뜨리기 때문입니다). 그리고 만약 불신자와 결혼하는 것을 허용한다면 교회는 혹 당장은 아닐지라도 다음 세대에 가서는 교회의 교회다움을 잃어버릴 것이기 때문입니다.

그러나 이 경우 교회쪽에서 먼저 지켜지고 본을 보여야 할 것이 있습니다. 교회가 정말 사랑을 가지고 치리하느냐입니다. 만약 누군가에게 징계가 내려졌는데, 교회가 손가락질하고 수군대며 징계받은 사람을 정죄하기만 한다면 징계받은 사람보다 교회가 더 불쌍한 것입니다. 치리는 잘못한 사람뿐만 아니라 다른 사람들도 잘못하지 않게끔 경고하고 독려하는 데 그 한 목적이 있는데, 교회가 판단하고 손가락질할 준비만 되어 있고 기도하고 용서하고 받아들이고 함께 감당할 준비는 되어 있지 않다면 치리는 결코 제 기능을 할 수 없을 것입니다.

오늘날에는 너무 개교회, 개인 중심적 신앙이라 치리에 대한 바른 이해와 적용, 실천을 찾아보기 힘든데 감사하게도 저는 치리에 대해 몇몇 교회의 건강하고 아름다운 이야기들을 들어 왔습니다. 그중 한 교회의 이야기를 잠깐 말씀드리겠습니다.

한 교회의 바르고 아름다운 치리

정확한 상황과 배경은 알 수 없지만, 한 형제가 부모와 교회의 반대에도(몇 번의 권고에도) 믿지 않는 자매와 결혼을 했습니다. 결국 이 형제는 교회에서 공개적으로 치리를 받았는데 성찬에 참여할 수 없는 수찬정지를 받았습니다.

오늘날 치리 또는 징계가 어려운 이유 중 하나는 교회가 정당하게 치리를 해도 당사자가 교회를 옮겨 버리기 때문입니다. 산업 사회 이전에는 한 개인이나 가정이 살던 곳에서 다른 곳으로 이주하는 일이 쉽지 않았고, 대부분은 평생 자기가 태어난 곳에서 죽었습니다. 당연히 지역교회는 자기가 평생 신앙생활하는 교회였습니다. 따라서 교회에서 혹 치리를 받게 되는 경우 당사자가 이사한다거나 잠시 피해 있거나 할 수 없었기에 치리에 따라 징계를 받는 것이 확실했습니다. 그런 이유 때문에라도 교회의 질서를 더 잘 따랐을지도 모르겠습니다.

그러나 오늘날은 치리를, 그것도 공개적으로(모든 경우가 공개 대상은 아닐 것입니다.) 하지 않는 경우가 많습니다. 교회 입장에서는 당사자가 떠나갈까 봐 두려워하기 때문입니다. 당사자 입장에서는 교회에서 그렇게 하려고 할 경우 먼저 떠나 버립니다. 수찬정지와 같은 징계는 혹 한다고 해도 큰 의미가 없을 때가 많습니다. 성찬을 일 년에 한두 번, 많아야 네 번 정도 하기 때문입니다.

그러나 이 교회는 매주 성찬을 하는 교회였고, 그래서 이 형제에게는 성찬에 참여할 수 없는 수찬정지를 받은 것이 아주 어렵고 힘든 일이었습니다. 이 형제는 어떻게 했을까요?

만약 우리가 매주 성찬을 하는 교회에서 신앙생활하고 있는데, 수찬정지를, 그것도 공개적으로 받았다면 우리는 어떻게 할까요?

형제는 교회를 떠나지 않았습니다. 이 형제는 무려 수년 동안이나 수찬정지 징계를 겸허히 받았습니다. 믿지 않는 배우자와 결혼했다는 사실과 자신의 선택에 대해 하나님께 용서를 구하고, 교회의 용납을 구했습니다. 무엇보다 아름다운 것은 교회가 형제와 같이 기도하며, 형제의 배우자가 하나님을 믿는 신앙생활을 할 수 있게끔 적극적으로 도왔다는 것입니다. 수년 후에 형제가 다시 교회 앞에 서게 됐고 형제는 공적으로 다시 성찬에 참여할 수 있게 됐습니다. 배우자와 함께 말입니다.

치리의 목적은 잘못한 사람을 정죄하여 내쫓고 교제의 끈을 끊는 것이 아니라 이처럼 바른 길을 걸을 수 있게끔, 바른 신앙을 붙잡을 수 있게끔 돕는 것입니다. 교회는 이렇게 신자가 하나님의 말씀에 순종하게끔, 하나님의 법을 따를 수 있게끔 책임지고 신자를 지도하고 도와야 합니다.

결혼과 교회의 치리

특히 결혼 문제에서 교회는 한 사람이 결혼에 대해 바른 생각을 갖게끔 잘 지도해야 합니다. 성경에서 결혼을 무엇이라고 이야기하는지, 결혼한다는 것은 무엇을 의미하는지, 결혼 전에 준비해야 할 것들이 무엇인지를 알려 줘야 합니다. 교회의 선배 부부들은 신혼부부에게 어떻게 살아야 하는지, 어떻게 사는 것인지를 알려 줄 수 있는 지혜롭고 건강한 모델입니다.

교회는 두 사람이 결혼할 때 영적·육적으로 공적 증인이 됩니다. 유아가 세례를 받을 때처럼 결혼도 두 사람의 결합이 교회 안에서 태어나고 받아들여지며 공적 인정을 받고, 앞으로 모든 일을 교회의 지도와 보살핌과 보호 아래 교회와 함께한다는 것을 선언하고 약속하며 실제 이것들이 이루어지는 것입니다.

가정과 부모처럼 교회의 중요성, 특히 교회와 신자의 영광스럽고 복된 연합과 질서에 대한 이야기도 끝이 없을 것입니다. 어쨌든 우리는 교회를 떠나서는 결코 신앙생활을 할 수 없으며, 모든 신자는 교회 안에서 태어나며, 교회 안에서 자라고, 교회와 함께 자라며, 교회를 통해 자라는데, 결혼하고 가정을 이루어 나가는 일에서는 더욱 그러하기에 교회의 가르침과 인도, 치리 안에 있는 것이 아주 중요하고 반드시 그래야만 한다는 것을 염두에 둬야겠습니다.

특히 목사님과 장로님은 하나님의 말씀을 우리에게 가르쳐 주고, 본을 보여 주므로 도전하고 위로하는 특별한 사람들입니다. 아무도 이분들과 같을 수 없고, 이분들을 대신하지 못합니다. 목사님과 장로님은 하나님께서 교회의 목양을 위해 주신 직분자들이기에, 우리의 신앙과 삶을 이분들과 함께 나누며, 이분들과 함께 기도하고, 이분들과 함께 감당하는 것이 바르고 건강합니다.

우리는 교회를 신뢰하고 교회에 순종해야 합니다. 하나님께서 교회를 통해 가르쳐 주시는 모든 계명을 가벼이 여기지 않고 기쁨으로 따라야 합니다. 그것이 우리의 생명이 되고, 행복이 되기 때문입니다. 하나님께서 영광 받으시기 때문입니다.

교회가 우리의 교제와 결혼에 깊은 관심을 두며 우리를 위해 기도하고 우리와 함께 기도한다면 우리는 얼마나 든든할까요? 큰 문제부터 세세한 부분까지 교회가 우리를 안내하고, 위로하고, 함께 고민한다면 얼마나 감사할까요?

교회는 우리의 결혼 예식 때 함께 서약하며 증인이 될 것입니다. 우리 결혼의 모든 기쁨과 슬픔을 함께하고, 언제나 우리가 그리스도만을 의지하고 바라보게끔, 그리스도만이 우리 사랑의 시작이자, 이유이자, 목적이시며, 그리스도만이 우리 결혼과 가정을 복되게 하시며, 우리의 유일한 소망이 되심을 알게 할 것입니다. 우리는 혹 잊어도 교회는 잊지 않으며, 우리가 넘어진 순간에도 교회는 서서 우리를 일으켜 줄 것입니다.

교회를 신뢰하십시오! 교회에 순종하십시오! 교회와 함께하십시오!

넷째 그룹 - 멘토, 선배, 친구들

넓게 보자면 여기서 말하는 멘토와 선배, 경건한 친구들은 셋째 그룹인 교회에 속한다고도 볼 수 있습니다. 그러나 우리는 모든 사람과 똑같은 정도로 교제하지 않습니다. "특별하다", "소중하다", "귀하다"고 말하며 보통 이상으로 친밀하게 교제하는 몇몇이 있습니다. 우리는 가족을 제외하고는 대부분의 시간을 이 사람들과 함께 보냅니다. 거룩을 위해 서로 기도하며, 함께 신앙을 공부합니다. 함께 경험합니다. 함께 견딥니다. 함께 감당합니다. 함께 기뻐합니다. 이런 것들이 우리와 우리의 특별한 사람들의 교제를 더욱 단단하고 친밀하게 합니다. 더욱이 이들은 우리와 나이가 비슷하기에 더 직접적으로, 더 친밀하게 공유할 수 있는 사고방식, 안정감, 편안함 등이 있습니다. "친구"라는 말이 누구에게나 아주 특별하고 행복한 말인 이유가 여기에 있습니다.

그렇기에 이 사람들은 가족과 교회와 함께 우리가 구혼과 결혼에 대해 함께 고민하고 같이 기도하는 사람들입니다. 특히 가족과 교회보다 우리의 구혼 즉 결혼 대상자를 더 잘 알 수 있습니다. 구혼 대상자가 같은 교회에 있는 경우 이 사람들은 같은 소그룹에 속해 있거나(또는 속해 있었거나), 또 특정한 봉사활동을 같이 하여 다른 사람들은 알지 못하고 보지 못한 구혼 대상자에 대해 객관적으로 판단할 수 있게끔 도움을 줍니다. 구혼 대상자가 같은 교회에 속해 있지 않은 경우 구혼 대상자와 함께 만나 서로 알 수 있게끔 가장 자연스럽게 도와줄 수 있는 사람들도 바로 이들입니다. 그래서 이 사람들을 따로 넷째 그룹으로 합니다.

만약 우리만이 아니라 우리의 친구들도 구혼과 결혼에 대한 생각과 태도가 같다면 우리는 우리 자신과 하는 싸움을 비롯한 여러 실천적 문제들을 훨씬 수월하게 경험해 나갈 것입니다. 우리만이 유별난 것은 아닌가 하는 생각들은 사라지고, 오히려 더 큰 힘과 도전과 위로를 받으면서 우리의 생각과 마음을 잘 지켜 갈 것입니다. 서로 넷째 그룹이 되어 주는 경험은 아주 특별한 동역과 동행이 될 것입니다. 이 경험은 신앙의 경험이기에 서로를 하나님과 서로에게로 더욱 연합하게 해 줄 것입니다. 그리고 우리의 자녀들은 자신의 부모님만 유별나다고 생각하지 않고, 자신의 부모와 그 친구들이 배우고 경험한 신앙의 유산을 크게 기뻐하고, 마음으로 순종할 것입니다.

네 그룹과 함께 만나고 결정하기

우리는 먼저 평소에 기회가 닿는 대로 결혼과 가정에 대해 부모님과 교회로부터 배워야 합니다. 앞서 부모와 교회의 권위와 중요성, 역할 등을 생각할 때 이 배움은 우리에게 엄격하고, 순결하며, 진지한 마음과 태도를 요구합니다.

구혼 문제뿐만 아니라 모든 문제, 모든 경험을 이들과 함께 나눌 때 구혼 문제도 자연스럽게 공유할 수 있습니다. 더 객관적으로, 더 바르게 판단할 수 있습니다.

따라서 구혼 문제에 대해서만이 아니라 평소에 신뢰가 탄탄하고 교제가 풍성하여, 행여 구혼이 내 뜻대로 되지 않는 상황에서도 겸손하게 기도하고, 순종하고, 더 깊이 생각하며, 한 번 더 고민해 볼 수 있어야 합니다.

알리고 함께 기도하기(2-3주)

우리에게 구혼을 하는 사람은(상황은 천차만별일 것인데, 여기서는 그중 하나의 상황을 전제로 이야기 나누겠습니다.) 평소 우리가 관심 있게 지켜본 사람이거나, 전혀 의외의 사람일 수 있습니다. 이 책에서 말하는 구혼에 대해 상대방이 알든 모르든 간에 우리가 누군가에게 구혼을 고백받은 경우 우리는 이 책에서 말하는 구혼에 대해 상대방에게 말합니다. 그리고 함께 같은 마음으로 기도하며 결정하기로 이야기합니다. 때로 어떤 사람과는 이 이야기만으로 두세 번 만나서 더 이야기해야 할 수 있습니다. 만약 상대방이 이 구혼 과정에 동의하지 않는다면 우리는 그 사람과 구혼 자체를 시작하지 않습니다. 이 사람은 지금 당장은 구혼의 대상자가 아니거나, 또는 구혼의 대상자가 아닐 것입니다.

어쨌든 이야기가 잘 되면 상대방도 상대방의 세 그룹에게 이야기하게 하고(없다면 만들게 하고) 우리도 세 그룹에게 이 사실을 바로 알립니다(우리가 먼저 이야기를 꺼내는 경우도 크게 다르지 않습니다).

우리 자신을 포함한 네 그룹은 구혼을 시작해도 되는지에 대해 함께 고민하고 함께 기도합니다. 아직 구혼을 시작한 것이 아닙니다. 구혼을 시작해도 좋은지, 시작할 수 있는지에 대해 같이 생각을 나누고 기도하는 것입니다.

네 그룹 모두 구혼 대상자를 이미 알고 있다면, 생각을 나누고 기도해서 결정하는 데 큰 어려움도 없을 것이고, 시간이 많이 필요하지도 않을 것입니다. 그러나 일부만 알고 있고 일부는 잘 모른다면 잘 아는 사람들이 잘 모르는 사람에게 상대방이 어떤 사람인지에 대해 최대한 객관적이고 자세하며 다양한 정보를 제공해서 판단에 어려움이 없게 해야 합니다. 이 사람이 하나님을 얼마나 사랑하는지에 대한 신앙고백과 개인 경건생활, 성품, 부족함, 특징, 부모님과 그 사람의 관계, 교회생활 등 실제 두 사람이 하나가 되었을 때 가장 중요한 신앙과 개인적이고 관계적인 모든 본질적 부분들에 대해 말입니다.

너무 짧지도, 너무 길지도 않은 시간 동안 충분히 생각하고 기도한 후(처음부터 2-3주 정도로 시간을 정해 두면 좋습니다.) 각각 의견을 듣습니다. 누군가는 구혼을 시작해도 좋겠다고 판단할 수 있고, 누군가는 그렇지 않다고 판단할 수 있습니다.

만약 세 그룹 이상이 찬성한다면 왜 그렇게 결정했는지에 대해 각각에게 먼저 충분히 이야기를 듣습니다. 그리고 상대방을 만나서 상대방 쪽에서는 여전히 변함없는지, 어떻게 결정했는지 듣고 이쪽의 결정에 대해서도 이야기합니다. 서로가 구혼을 위한 교제를 시작하기로 했다면 그때부터 구혼 과정에 들어갑니다.

흔치 않은 경우겠지만, 나는 전혀 생각이 없다거나, 더 나아가 상대방이 정말 마음에 안 드는 경우라도 세 그룹 모두 찬성 혹은 지지한다면 일단은 순종합니다. 나는 아니지만 세 그룹이 모두 찬성하고 지지한다면 그럴 만한 이유가 있을 것이기 때문입니다. 당장 결혼하라는 것이 아니라 구혼을 하는 것이기 때문입니다.

만약 세 그룹 이상이 반대한다면 상대방은 지금 당장은 구혼 당사자가 아니거나, 구혼 대상자로 적합한 사람이 아닙니다. 우리가 누군가에 대해 알고 있는 지식은 제한된 지식입니다. 그리고 지금 우리의 그 지식은 현재까지의 지식입니다. 당장 가까운 장래에는 그 사람이 어떻게 변할지 모릅니다. 물론 신앙과 인격, 성격 등을 생각했을 때 정말 앞으로도 아니라고 판단할 수밖에 없는 경우도 있겠지만, 대부분의 경우는 "지금 당장은"과 "아닙니다"의 두 경우를 늘 묶어서 생각하는 것이 좋습니다. 우리 또한 상대방에게 같은 평가를 받고 있다고 생각할 때를 위해서도 더욱 그렇습니다.

아무튼 이 경우에도 왜 이런 결정을 내렸는지에 대해 각각에게 듣고 상대방을 만나 왜 구혼을 시작할 수 없는지에 대해 충분히 이야기를 나눕니다.

만약 두 그룹은 찬성하지만 두 그룹은 여전히 신중한 입장을 보이거나 반대한다면 조금 더 시간을 두고 기도하면서 고민합니다.

구혼 관계로 들어가기로 결정했든 그렇지 않든 그 이유에 대해서 서로 가능하면 솔직하게 나누는 것이 좋습니다. 구혼 관계로 들어가기로 결정한 경우에는 그 이유들이 주로 장점일 것이기에 서로 더 호감을 줄 것입니다. 구혼 관계로 들어가지 않기로 결정한 경우에는 그 이유들이 지금 우리로서는 받아들일 수 없는 중요한 변수가 될 것인데, 어떤 변수는 우리나 상대방이 생각이나 태도를 바꿀 수 있는 기회를 줄 수도 있을 것이기 때문입니다.

지면 관계상 아주 단순하게 정리했지만, 각자가 처한 상황과 환경에 따라 방법은 다양할 수 있습니다. 부모님이 구혼 대상자를 잘 모를 수 있습니다. 아마 많은 경우 현실적으로 우리의 구혼 대상자를 가장 많이 아는 그룹은 우리의 또래 그룹일 것입니다. 부모님이든, 교회든, 우리의 친구들이든 이 책에서 이야기하는 구혼 과정을 유별나거나 고지식하게 생각할 수도 있습니다.

네 그룹 모두 이 책에서 이야기하는 구혼에 대해 같은 마음을 품고 함께 기도할 수 있다면 가장 좋을 것입니다. 그러나 그렇지 못하다면 그런 그룹을 만들어야 합니다. 때로는 대신해 줄 사람들을 찾아야 합니다.

중요한 것은 어느 때든 교회와 부모님의 권위가 가장 앞선다는 것입니다.

마지막으로 기도하고 결정하는 데 필요한 경우 세 그룹이 상대방을 직접 만나 보는 것도 좋습니다.

구혼에서 결혼으로(3-4개월에서 1년까지)
구혼 즉 결혼을 전제로 한 교제를 하기로 했다면 너무 짧지도 또 너무 길지도 않은 시간 동안 만납니다. 기간은 6개월 전후가 좋은 것 같습니다. 상황에 따라 짧게는 3-4개월, 길게는 8-9개월에서 최대 일 년까지 생각할 수 있겠습니다.

이 기간에 중요한 것은 서로 세 그룹과 함께 만나는 것입니다. 또 둘이 건강한 만남을 갖는 것입니다.

먼저 둘이 건강한 만남을 갖는다는 것은 세상 사람들처럼 단순히 밥 먹고, 영화 보고, 차 마시며 이야기하고, 어디 놀러가는 것만을 의미하는 것이 아닙니다. 그 이상입니다. 우리가 신앙인이기 때문입니다. 우리는 같이 밥도 먹고, 영화도 보고, 취미생활도 같이 하겠지만 무엇보다 신앙적인 것을 함께 나누며 자라 가야 합니다. 만남에서 하나님을 향하여 함께 자라 감이 없다면 그 만남은 결코 행복한 만남이 아닙니다. 함께 배워 가고, 함께 즐거워하고, 함께 감사하고, 함께 찬양할 진리와 신앙이 만남에서 가장 중요합니다.

좋은 책을 함께 읽으면서 둘이 나누는 것도 좋겠지만 더 좋은 것은 교회 소그룹이나 독서 모임에 참여해서 나누는 것입니다. 그러면 평소처럼 종종 상대방에게 맞춰서 이야기하기보다 마음 깊은 이야기를 있는 그대로 할 수 있기 때문입니다. 여기서 상대방에게 맞춘 이야기란 꼭 부정적 의미는 아닙니다. 아무래도 더 큰 공동체에서 나누는 것보다는 다소 제한적일 수 있다는 뜻입니다.

함께 교회와 사회 봉사활동을 하는 것도 필요합니다. 물론 이때도 가급적 둘만이 아니라 여러 사람과 함께하는 것이 좋습니다. 여러 사람과 함께할 때 나오는 말과 행동은 더 객관적이기 때문입니다.

물론 매번 다른 사람들과 함께 만나라는 것은 아닙니다. 둘만의 시간도 반드시 필요합니다. 다른 사람들과 함께 만나는 시간에서 배우고 확인하는 것들이 있고, 둘만의 시간을 통해 배우고 확인하는 것들이 있습니다.

다음으로 세 그룹과 함께 만나는 것입니다. 이 책에서 계속 말씀드리듯이 결혼하면 끝이 아닙니다. 결혼하고 나서 둘만 사는 것이 아니기 때문입니다. 계속해서 교회와 부모형제와 믿음의 친구들과 함께 살아가는 것이기 때문입니다. 그리고 이들 세 그룹이야말로 누구보다도 우리와 가깝게, 우리와 깊이, 우리와 함께 사는 사람들이기 때문입니다.

그래서 우리의 부모님과 교회 목회자와 친구들과 함께 만나 밥도 먹고 이야기도 하면서 교제하는 시간이 중요합니다. 이는 서로 마찬가지입니다. 우리 자신도 상대방의 부모님과 목회자와 친구들을 만나고, 상대방도 우리의 부모님과 목회자와 친구들을 만나야 합니다.

특히 이 만남에서는 두 사람만의 데이트나, 또래 모임에서 나누는 이야기보다 훨씬 구체적이고 깊고 민감한 주제에 대해 대화할 수 있기에 중요합니다. 세 그룹은 우리 대신 민감한 주제에 대해 상대방에게 물어봐 줄 수 있습니다. 물론 그 반대의 경우도 있을 것입니다. 그래서 중요합니다. 또 세 그룹은 누구보다 우리 자신을 잘 아는 사람들일 뿐만 아니라 지식과 경험에서도 본이 되는 선배들이기 때문에 두 사람만이 만났을 때나 다른 모임에서 나누는 이야기들보다 훨씬 다양한 주제, 현실적인 문제에 대해 깊이 있는 가르침과 조언을 전해 줍니다.

우리는 둘만 만났을 때나 또래 모임에서는 늘 당당하고 자신 있게 이야기할 수 있지만, 세 그룹과 함께 만나는 자리에서는 매우 조심스럽고 겸손한 태도를 취하게 됩니다. 또 말하기보다는 듣습니다. 이런 것들도 서로 상대방을 아는 데 큰 도움이 됩니다.

세 그룹은 우리가 잘 만나고 있는지에 대해서도 확인해 주고 좋은 만남에 대한 탁월한 조언을 해 줄 수 있습니다. 필요에 따라서는 엄히 훈계도 해 줄 수 있습니다.

이 모든 것이 있는 만남과 없는 만남을 생각해 보십시오. 지금 만남을 갖고 있는 당장 품고 있는 우리의 감정이 아니라 결혼 후의 삶을 두고 생각해 보십시오.

이런 구혼 과정은 만남을 지나치게 감정적이지 않게 해 줍니다. 우리의 결혼과 구혼에 대해 계속해서 성경적으로 고민하고 기도하게끔 돕습니다. 신앙적으로 정서적으로 우리 각자와 만남을 건강하게 합니다. 그래서 혹 유별나게 보이고, 다소 억압적으로 보이고 귀찮아 보여도 따라야 합니다.

그러나 사실은 막상 이 구혼 과정을 시작하고, 점점 시간이 지나면 아시게 될 것입니다. 이것이 가장 안전하고, 건강하며, 평안하고, 쉬운 것임을 말입니다.

어느 정도 교제하면서 서로 상대방의 신앙과 마음 등을 확인했다면 다시 "알리고 함께 기도하기"에서 말씀드렸던 것처럼 기도하고 결정합니다.

이제 우리는 결혼하기를 서로 진정으로 원하는지, 서로 적합한지에 대해 확인합니다. 즉 함께 있을 때, 또 함께 구혼 과정을 거치면서 하나님을 더 사랑하게 됐는지, 누구보다 신앙의 기쁨과 영광스러움과 행복을 함께 나누고 싶어하는지, 자신의 죄에 대해 정직히 말하며 기도해 주길 원하는지를 확인합니다. 서로 잠자리를 할 준비만이 아니라 서로를 위해 섬기고 희생할 준비가 되었는지 확인합니다. 서로 받기보다는 주기를 좋아하는지, 서로 신앙과 인격에서 의지가 되는지 확인합니다. 서로 한 남자와 한 여자 이전에 한 사람으로서 창조하시고 구속하신 하나님 앞에 참되게 서 있는지 확인합니다. 가정 예배와 같은 가정 경건에 마음을 두고 있는지, 부모형제를 깊이 사랑하는지 확인합니다. 내 주의 나라와 주님의 성전과 피 흘려 사신 교회를 얼마나 사랑하는지 확인합니다. 최고 목표가 하나님을 영화롭게 하고 영원토록 하나님을 즐거워하는 데 있는지 확인합니다. 서로 확인합니다. 그리고 무엇보다 이 모든 과정을 이끌고 주관하시는 하나님의 주권과 섭리를 바라봅니다.

적지 않은 시간 동안 함께 만나서 보고 이야기해 왔기 때문에 청혼을 앞둔 이때는 결혼에 대해 각각의 의견이 많이 나뉘지는 않을 것입니다. 그럼에도 여전히 의견이 나누어지는 경우가 있을 수 있으므로 앞서와 마찬가지로 다음과 같이 합니다.

만약 세 그룹 이상이 결혼을 찬성한다면 왜 그렇게 결정했는지에 대해 각각에게 먼저 충분히 이야기를 듣습니다. 그리고 상대방을 만나서 상대방은 어떻게 결정했는지 듣고 이쪽의 결정에 대해서도 이야기합니다. 서로 결혼에 대해 적극적으로 생각하고 있다면 청혼하고 결혼을 준비합니다.

흔치 않은 경우겠지만, 세 그룹은 모두 찬성하고 지지하는데 우리 자신은 전혀 마음이 없다면, 조금 더 시간을 두고 구혼 과정을 가질 수도 있겠고, 구혼 과정을 멈출 수도 있을 것입니다.

만약 세 그룹 이상이 반대한다면 상대방은 지금 당장은 결혼 당사자가 아니거나, 결혼 대상자로 적합한 사람이 아닙니다.

역시 이 경우에도 왜 이런 결정을 내렸는지에 대해 각각에게 듣고 상대방을 만나 왜 결혼을 결정할 수 없는지에 대해 충분히 이야기를 나누고 구혼 과정을 멈춥니다.

만약 두 그룹은 찬성하지만 두 그룹은 여전히 신중한 입장을 보이거나 반대한다면 조금 더 시간을 두고 기도하면서 고민하거나 구혼 과정을 멈춥니다.

이 구혼 과정은 우리를 지켜 주고,
우리를 선하게 인도합니다

이 구혼 과정은 여러 면에서 아주 중요하고 실제로 유익이 많습니다.

이 구혼 과정이 다소 번거로워 보이실 수 있습니다. 그러나 실제로는 전혀 그렇지 않습니다. 오히려 상황을 지혜롭게 정리하고 간결하게 합니다.

또 이 과정을 거치지 않는 것보다 이 과정을 거치는 것이 우리의 감정을 지키기가 훨씬 쉽습니다. 이 과정을 거치는 것이 일이 잘 안 되었을 때도 인간적으로 마음이 크게 상하는 일이 없습니다. 오히려 일이 잘 안 되었을 때도 서로 유익을 줄 수 있습니다.

이 구혼은 우리를 세상이 속삭이는 세속적인 사랑과 그런 문화로부터 우리의 생각과 마음을 지켜 줍니다. 우리의 기준은 영화나 드라마, 가요 등의 대중매체와 대학가나 직장에서 일반 문화나 상식이라고 여겨지는 세상의 그릇되고 자기중심적이며 무엇보다 하나님을 모르는 거짓 가치가 아닙니다. 진리의 사람인 우리는 하나님의 말씀을 사랑하고 순종합니다. 하나님의 말씀을 우리의 유일한 기준과 법칙으로 승인합니다. 하나님의 말씀을 우리의 유일한 기준과 법칙으로 승인하는 것만이 우리의 길임을 믿습니다. 세상이 우리를 비웃을 것이라는 우리의 두려움과는 달리 세상은 우리를 보고 놀라워할 것입니다. 세상 사람들은 하나님께서 살아 계시다는 것과 하나님의 말씀이 진리인 것을 알게 될 것입니다. 하나님의 말씀이 우리를 지켜 주며, 우리를 아름답게 하며, 우리를 행복하게 하는 것을 볼 것입니다. 우리의 믿음과 우리의 지고지순한 사랑을 보며 말입니다.

이 구혼 과정은 우리를 선하게 인도합니다. 우리는 하나님께서 만족해하시는 것을 보게 될 것입니다. 그리고 우리 자신만이 아니라 (결혼으로 이어지든 그렇지 않든) 상대방도 만족하게 되는 것을 보게 될 것입니다. 우리는 우리와 함께 고민하고 기도하고 결정한 사람들도 만족하게 되는 것을 보게 될 것입니다. 결과를 떠나서 우리는 모두 서로 존경하고, 존중할 것입니다. 그리스도의 몸 된 지체로서 서로 높이고 사랑할 것입니다. 서로 기뻐하고 즐거워할 것입니다. 서로 힘이 되고 도전이 될 것입니다.

이 모든 것은 구혼에 담겨 있는 전제와 구혼 과정 자체와 구혼의 결과 때문입니다.

무엇보다도 우리는 하나님께서 가장 좋은 때에 가장 좋은 것을 주시는 하나님의 선하심을 보게 될 것입니다. 가장 좋은 때에 가장 좋은 것이란 하나님의 선입니다. 선하신 하나님께서 주시는 모든 것이 선합니다. 하나님께서는 절대적으로 선하시며, 완전한 선이시고, 무한한 선이시기 때문입니다. 하나님께서는 선하지 않은 것을 주실 수가 없기 때문입니다.

후배들의 서약

이 장을 마무리하기 전에 구혼을 위해 유익한 한 가지를 여러분과 나누고 싶습니다.

구혼을 위한 서약서를 작성하다

청년 시절, 당시에는 훨씬 부족한 내용이었지만 독서 모임 "대답은 있다"의 후배들과 함께 이 책에서 말하는 구혼의 의미와 내용에 대해 함께 이야기했습니다. 진지하게 이야기를 나눈 뒤 모두 적극적인 의견이 있어 후배들이 서약서를 썼습니다.

후배들은 하나님께서 허락하시는 배우자를 만나기까지 마음과 몸의 순결을 지키기로 서약했습니다. 후배들은 교제를 시작하기 전에, 고백하기 전에 반드시 혼자 결정하지 않고 먼저 부모와 담당 목회자와 친구 두 명 정도에게 알리고 의견을 듣고 함께 결정하기로 서약했습니다. 후배들은 무엇보다 이것이 믿음의 문제며 구혼 과정과 결혼이 하나님의 주권 아래 있기를 소망하며 하나님께 믿음을 구했습니다. 후배들은 배우자를 만나기 전까지 자신이 잘 준비될 수 있게끔 모든 노력을 다하겠다고 서약했습니다. 후배들은 외모나 다른 조건이 아닌 신앙으로 배우자를 만날 수 있기를 간절히 소원했습니다.

서약 지켜 가기

어떤 후배는 시간이 흐른 뒤 마음을 잘 지키지 못했습니다. 안타깝게도 인내하지 못하고 신앙보다는 다른 외적 조건을 보고 결혼했습니다. 그러나 대부분의 후배는 하나님의 주권을 인정하고 하나님의 선하신 인도하심을 소망하며 마음을 잘 지켰습니다.

어떤 친구는 하나님을 진실하게 믿고 성경의 가르침에 충실한 이성을 계속 만나지 못해 적지 않은 시간 동안 괴로워했습니다. 이대로 한다면 과연 누구와 결혼할 수 있을까, 혼자 살아야 하지 않을까 하는 생각에 언젠가는 서약서가 족쇄처럼 느껴진다고 말했습니다. 그러나 그 친구는 이후에 하나님에 대한 신앙이 자라면서 하나님을 더욱 의지했고, 서약이 자신을 보호한다고 생각했으며, 그래서 서약에 더욱 충실하기로 마음을 다잡았습니다. 저는 "다투며 성내는 여인과 함께 사는 것보다 광야에서 사는 것이"(잠 21:19) 낫다고 말해 주었고 후배는 위로를 받았습니다. 이후 후배의 친구들이 결혼을 하고, 이제 후배의 친구들 중에서는 결혼 못한 사람이 많지 않게 되었을 때도 후배는 흔들리지 않았습니다. 오랜 시간이 지난 후 지금, 후배는 예수 그리스도를 위해 매일 죽을 것을 생각하는 아주 성실하고 철저한 배우자를 만나 행복하게 살고 있습니다.

지금도 간절히 기도하며, 자신을 준비하며 만남을 기다리는 친구도 있습니다. 이 친구도 하나님의 주권과 선하심을 소망하고 있습니다. 하나님을 진실로 사랑하는 사람이 아니라면 만나지도 결혼하지도 않겠다는 굳은 마음으로 말입니다.

후배들은 서약을 잘 지켰습니다. 어려움이 없었던 것은 아니지만, 넘어짐이 없었던 것은 아니지만 후배들은 부모님과 목회자, 친구들의 도움과 지지로 잘 감당했습니다. 서로 증인이 되어 주며 격려해 줬습니다. 서약서를 작성한 후 그 내용들을 세세히 기억한 것은 아니지만 원리는 잘 기억했습니다. 후배들이 원리를 잘 기억할 수 있었던 것은 단지 결심했기 때문이 아닙니다. 자신들의 신앙이 자라면서 자신들의 주와 구주가 누구신지 점점 더 많이, 분명하게 경험했기 때문입니다.

어떤 후배들은 오랜 시간 준비하고 마음을 잘 지키며 함께 기도하고 결정한 후 구혼했다가 거절당했습니다. 사람이나 상황에 따라 차이는 있겠지만 거절은 후배들에게 적지 않은 상처가 됐습니다. 그러나 거절감을 잘 극복할 수 있었는데 그것은 처음부터 이 일을 하나님께 맡겼기 때문입니다. 한 친구는 무척 감정적이 돼서 하나님께 따지듯 물었습니다. "왜입니까? 지금 제 딴에서는 가장 성경적인 방법, 가장 건강한 방법으로 구혼했습니다. 마음을 잘 지켜 왔고, 기도해 왔습니다. 그런데 왜 시작도 못하게 됐지요? 얼마나 기다려야 할까요? 누구를 기다려야 할까요?"

그때 후배가 혼자였다면(물론 혼자였다면 이런 시작도 하지 않았겠지만) 지혜롭고 건강하게 헤쳐 나가지 못했을 것입니다. 서약서에 서명을 해 준 부모와 목회자와 친구가 함께 해 주었습니다. 이전 처럼 계속해서 기도하고 마음을 지킬 수 있게끔 곁에서 도왔습니다. 세상적인 위로나 지혜로 하지 않았습니다. 서로 생각나게 해 주고, 생각하려고 했던 것은 바로 아버지 되시는 하나님의 선하심과 인도하심이었습니다.

하나님의 뜻과 인도하심에 대한 확신은 후배들에게 위로가 되었습니다. 처음 성경적 구혼에 대해 이야기할 때, 또 서약서를 작성하면서 우리가 배운 하나님의 작정과 섭리 교리는 후배들에게 단지 지식이 아니라 진리였습니다. 이후 후배들은 다른 사람과 구혼 관계를 시작하고 결혼을 하면서 하나님의 인도하심과 섭리를 더욱 분명히 깨달았습니다. 무엇을 어떻게 하기로 결정했다고 해도, 하나님의 일하심은 사람의 생각과 같지 않음을 깨닫게 해 주셨습니다. 이 말은 서약하는 과정이나 이 책에서 말하는 구혼이 의미없다는 말이 아닙니다. 하나님께서는 기본적으로 우리가 함께 공부하고 결단한 구혼과 서약 과정을 지켜 주셨고 인도하셨습니다. 그러나 하나님께서는 그 서약과 구혼의 더 깊은 의미들을 깨닫게 해 주셨고, 우리가 보지 못했던 것들을 보게 해 주셨으며, 우리의 바람보다 더 아름다운 것으로 인도하셨습니다. 우리 자신이나 우리의 부모, 또 누구보다도 하나님께서는 우리 자신을 더 잘 아십니다. 하나님께서는 우리에게 가장 좋은 것을 아십니다. 우리에게 가장 좋은 때를 아십니다. 여기서 "가장"은 단지 여러 면에서 더 뛰어나거나 적절하다는 의미가 아니라 하나님께서 정하셨고, 기뻐하신다는 의미에서 유일무이한 의미입니다. 그렇기에 좋은 것입니다.

한편, 구혼에 대해 같이 이야기하고, 서약서까지 작성했지만 모두 다 동일하게 구혼과 서약을 이해한 것은 아닙니다. 어떤 후배는 처음에는 분위기에 편승해서 서약서를 작성했습니다. 이후로 적당한 구혼의 기회가 없이 시간이 흘렀습니다. 그렇게 시간이 지나면서 진지하게 생각하기 시작했습니다. 함께 구혼에 대해 진지하게 이야기를 하고 서약서를 작성했던 친구들의 모습을 보고 자극과 도전을 받았습니다. 이런 후배의 이야기는 지금 당장은 깊이 깨닫지 못하고 잘 알지 못하더라도 공동체적으로 함께 이야기하고 서약하며 이후로 꾸준히 마음을 지키고 지킬 수 있게끔 함께 노력하는 것이 참으로 중요하다는 것을 보여 줍니다.

가장 큰 유익

후배들은 아름답고 건강한 구혼을 위해 서약서를 작성하고 서약을 지켜 가는 일에서 가장 큰 유익이 바로 믿음이 자라 가는 것이라고 말했습니다. 후배들은 처음부터 구혼이 믿음의 문제임을 인정했고, 그랬기에 더 감사했습니다. 하나님께 맡기면 되는 일이기 때문입니다. 그래서 비록 중간에 잠깐씩 넘어질 때도 있었지만 결코 조급해하거나 걱정을 필요 이상으로 하지 않았습니다. 결혼과 교제에 대해 다른 친구들보다 더 현실적으로 고민했던 친구들은 구혼과 서약에 대해 이야기를 할 때, 하나님의 주권과 인도하심을 더 민감하게 생각했고, 이것이 믿음의 문제임을 더 실감했습니다.

후배들은 구혼을 준비하면서, 구혼 과정에서 조금씩 조금씩 하나님의 인도하심에 대해 분명하게 알게 되었고, 그럴수록 하나님을 더 신뢰하게 됐고, 다른 인간적 염려나 어려움들을 점점 더 잘 극복할 수 있었습니다.

신앙의 모든 문제가 그렇듯이, 후배들은 믿음이 자랄수록 이 문제를 더 잘 인식하고 지혜롭게 생각했으며, 한편으로는 이 문제를 진지하게 생각하고 기도하면서 하나님께 맡길수록 후배들의 믿음은 자라 갔습니다.

서약은 필요할 때마다 후배들의 리트머스 시험지가 되어 주었고, 서약은 구혼 과정에 참여하는 모든 그룹을 더욱 긴밀하게 연결해 주었습니다.

서약은 처음에는 하나님의 뜻대로 되길 원한다는, 하나님의 선하신 인도하심을 소망한다는, 하나님의 주권과 섭리를 믿는다는, 아니, 믿고 싶다는 신앙고백에 대한 소망의 성격이 더 나타났지만, 시간이 지날수록 신앙고백 자체가 되었습니다.

외모에 대한 생각을 정리하다

서약서를 작성하면서 우리는 자연스럽게 구혼과 관계된 여러 주제들에 대해서도 이야기를 나눴습니다. 그때의 대화들과 생각의 정리가 서약을 더 잘 지켜 갈 수 있게 해 주었기에 여기에도 그중 한 가지를 소개하고자 합니다. 외모에 대한 것입니다. 이는 나이의 많고 적음과 남녀를 떠나서 모든 사람이 이성을 생각할 때 가장 관심 있는 주제 중 하나입니다. 모든 사람이 저희와 똑같이 생각해야 한다고 생각하지는 않습니다.

외모를 지나치게 가꾸는 것을 경계하다

다음의 말씀은 사실상 남녀에게 모두 해당하는 말씀입니다.

> 또 이와 같이 여자들도 단정하게 옷을 입으며 소박함과 정절로써 자기를 단장하고 땋은 머리와 금이나 진주나 값진 옷으로 하지 말고(딤전 2:9).

> 고운 것도 거짓되고 아름다운 것도 헛되나 오직 여호와를 경외하는 여자는 칭찬을 받을 것이라(잠 31:30).

디모데전서 말씀처럼 우리는 단정하게 옷을 입고, 소박함과 정절로써 단장해야 합니다. 땋은 머리와 금이나 진주나 값진 옷으로 단장하지 말아야 합니다. 우리는 이 말씀을 지켜야 합니다. 이 말씀에 순종해야 합니다. 하나님께서 그렇게 말씀하시기 때문입니다. 땋은 머리와 금이나 진주나 값진 옷들은 사람을 아름답게 "하는" 것이 아닙니다. 우리는 아름답게 "보이기" 위한 일에 지나치게 많은 관심을 쏟고 돈과 시간을 들입니다. 그러나 우리에게 정말 중요한 것은 아름답게 "되는" 것입니다. 사람을 창조하신 분은 하나님이십니다. 사람의 아름다움을 지으신 분도 하나님이십니다. 사람에게 아름다움을 주시고, 사람에게 아름다움을 입히신 분이 하나님이십니다. 사람의 아름다움이 무엇인지 가장 잘 아시는 분도 하나님이십니다. 하나님을 사랑하는 것, 예수 그리스도를 닮는 것, 그리고 그에 따른 성령의 열매가 있는 것, 복음에 합당한 성품을 지니는 것, 주님의 계명을 즐거워하며 순종하는 것, 하나님께서 기뻐하시는 것을 기뻐하는 것, 이런 것들이 바로 아름다움의 본질입니다. 조화와 균형, 통일, 어울림, 자연스러움……. 이런 것들은 아름다움의 본질에서 나온 것들입니다. 이런 이차적인 아름다움은 죄인인 우리의 눈에 호불호로 나타날 수 있습니다. 그러나 일차적인 아름다움은 그것을 소유한 모든 이에게 영적인 시각을 주어 아름다움을 사랑할 뿐만 아니라 그 아름다움으로 다른 것들을 바라보게 해 줍니다.

잠언도 보십시오. "고운 것도 거짓되고 아름다운 것도 헛되나 오직 여호와를 경외하는 여자는 칭찬을 받을 것"입니다. 당연히 남자도 마찬가지입니다. 하나님을 경외하고, 하나님의 법에 즐거이 순종하는 것이야말로 칭찬받을 만한 일입니다. 이것이 영원토록 곱고 아름다운 것입니다.

우리가 지나치게 우리의 외모에 관심을 둔다면, 우리는 외모를 무척 중요하게 여기는 사람들의 눈에 들게 될 것입니다. 또 우리 자신도 외모를 중요한 판단 기준으로 삼을 것입니다. 그러나 우리가 복음에 합당한 신앙과 성품에 주로 관심을 기울인다면 우리는 신앙과 성품을 중요하게 여기는 사람들의 눈에 들게 될 것이고 우리 자신도 신앙과 성품을 가장 중요한 판단 기준으로 삼을 것입니다.

우리의 아름다움은 짧거나 속이 보이거나 비치거나 화려한 옷, 변장에 가까운 진한 화장, 육체의 강인함 등에 있지 않습니다.

우리의 몸은 우리 배우자의 것입니다. 따라서 우리 배우자에게만 보여 줘야 합니다. 우리 배우자만 누리게 해야 합니다.

성형

우리나라는 세계에서 성형수술을 제일 많이 하는 나라입니다. 성형공화국이라는 말까지 있을 정도입니다. 요즘 시대가 그렇지만 우리나라는 그중에서도 더한 것 같습니다. 사람들에게 외모는 경쟁력이고 재산이고, 질서와 계급이 됩니다. 그런데 세상 사람들이 그런 것은 이해할 수 있습니다. 그러나 그리스도인은 그래서는 안됩니다. 왜냐하면 성경은 하나님께서 천지를 창조하시고 나서, 아담과 하와를 지으시고 나서 "보시기에 좋았더라."고 말하고 있기 때문입니다. 하나님께서 우리를 지으시고 보시기에 좋다고 말씀하셨습니다. 하나님께서는 하나님의 무한하고 완전한 지혜와 사랑으로 우리 각 사람을 지으셨습니다. 우리의 외모만이 아니라 우리의 성격, 우리의 성향 등 우리의 모든 것을 지으셨습니다. 우리는 무한하시고 거룩하신 하나님의 작품입니다.

그런데 성형은 하나님의 작품에 손을 대는 것입니다. 하나님께서는 좋다고 하시는데 나는 그렇지 않으니 바꾸겠다고 하는 것은 외모만으로 우리의 가치를 판단해 버린 것입니다. 그리고 하나님의 판단이 틀렸다고 말하는 것입니다. 성형을 했다고 해서 믿음이 아예 없는 것이라거나, 구원을 받지 못하는 것은 아닐 것입니다. 그러나 경외감을 가지고 말씀드리지만, 하나님께서는 성형한 사람들에게는 나는 너를 그렇게 짓지 않았다고 말씀하실지 모릅니다. 하나님께서는 마지막 날에 우리를 몰라보실지도 모릅니다.

생명과 건강에 관련된 성형은 필요하지만 외모를 위한 성형은 하나님께서 기뻐하시지 않을 것입니다. 지나치게 화장하는 것도 비슷합니다.

섹시하다

지금은 거의 일상적인 용어가 돼버린 듯한데, 7-8년 전 후배들과 서약서를 작성하던 당시에는 청년들 사이에서 "섹시하다"라는 단어가 아주 가끔 사용됐었습니다(물론 그것도 당시에는 충격이었지만). 한번은 청년 공동체 모임에서 한 목회자가 한 청년에게 "섹시한데~." 하고 말한 적이 있었는데 저는 그때 어떤 표정을 지어야 할지, 그 말과 상황과 분위기를 어떻게 받아들여야 할지 몰라서 무척 당황했던 기억이 납니다. 제가 더 당황했던 이유는 주위에 있던 다른 청년들이 모두 웃으며 즐거워했기 때문입니다.

"섹시"의 사전적 의미는 "성욕을 자극하는", "성적 매력이 있는", "요염한", "(성적으로) 흥분한" 등입니다. 많은 사람이 "예쁘다"는 의미로 사용한다고 생각하는 듯한데, 그러면 그냥 "예쁘다"고 말하면 될 것입니다. 정직하게 생각할 때, 우리는 결코 "예쁘다"와 "섹시하다"를 동일한 분위기나 느낌이나 감정으로 생각하며 사용하지 않습니다.

텔레비전 프로그램에서는 "섹시하다"는 말을 "예쁘다" 더하기 "성적으로 매력이 있다"는 의미로 사용하는 듯합니다. 누군가가 선정적인 춤을 춘다거나, (짧거나 비치거나 등) 야하게 옷을 입거나, 진하게 화장을 한다거나 할 때 "섹시하다"는 말을 사용합니다. 이런 경우에 "예쁘다"는 말을 사용하지 않습니다.

텔레비전 프로그램 등에서 워낙 많이 사용하고, 세상의 문화가 이 단어를 너무 무분별하게 사용하니 점점 더 많은 사람이 이 단어의 의미를 크게 의식하지 않는 듯합니다. 또 대중매체의 영향으로 선정적인 옷차림과 화장과 춤과 노래 가사 등이 너무 일반화된 것도 원인입니다.

저는 (옷을 단정하게 입고 몸가짐을 바로 하는) 제 아내에게 누가 "섹시하다"고 말하면 너무 화가 날 것 같습니다. 제 아이들에게 누군가가 "섹시하다"고 하면 멱살을 쥘 것 같습니다. 우리가 굳이 "섹시하다"고 말할 상대가 있다면 우리의 배우자가 유일하다고 할 수 있겠습니다.

어떤 단어를 사용하느냐에 따라 우리의 생각이 자신도 모르게 깊이 영향을 받습니다. 우리가 하는 모든 말의 의미는 우리 자신과 상대방, 그 관계, 그 분위기, 그 상황과 모두 관련되어 있습니다. 상대방에게 어울리는, 상대방과 맺어진 관계에서 어울리는 단어로 서로 마음을 표현하고 대화해야 합니다. 예쁘고 단정하고 아름다운 말들이 그리스도인에게 합당합니다.

여기서는 외모 한 가지에 대해서만 저희가 함께 고민하고 정리한 생각을 말씀드렸지만, 이처럼 우리가 우리의 마음과 몸을 지키는 부분들에 관련된 여러 주제들에 대해 함께 고민하고 생각을 정리한 것들은 실제 우리가 서약의 의미를 더 잘 이해하고, 더 잘 지켜 나가게끔 도와줬습니다.

　지금까지 구혼의 의미와 과정, 구혼을 위해 필요한 네 그룹의 설정과 역할, 구혼에 유익이 되는 서약 등을 함께 살펴봤습니다. 다음 장에서는, 그렇다면 구혼 전에 우리 각자가 무엇을, 어떻게 준비해야 하는지에 대해 계속해서 나누겠습니다.

1. 지은이는 왜 신자의 결혼이 무엇보다 믿음의 문제라고 말합니까?

2. 성경은 불신자와 결혼하는 것에 대해 무엇이라고 이야기합니까?

3. 믿음의 선조들은 가정을 어떻게 이루었습니까?

4. 신자는 교회와 함께 산다는 의미에 대해 나눠 봅시다.

5. 결혼이 교회의 치리 안에 있어야 하는 이유는 무엇입니까?

6. 왜 공동체 안에서 공적으로 만나는 것이 건강합니까?

7. 배우자를 만나고 결정하는 네 그룹 중 첫째 그룹은 누구입니까? 그 의미와 역할을 나눠 봅시다.

8. 배우자를 만나고 결정하는 네 그룹 중 둘째 그룹은 누구입니까? 그 의미와 역할을 나눠 봅시다.

9. 특별히 성경에서 말하는 부모의 권위와, 부모에게 순종하는 것의 중요성에 대해 이야기해 봅시다.

10. 배우자를 만나고 결정하는 네 그룹 중 셋째 그룹은 누구입니까? 그 의미와 역할을 나눠 봅시다.

11. 결혼이 교회의 치리 안에 있어야 할 중요성과 있게 될 때의 유익을 나눠 봅시다.

12. 배우자를 만나고 결정하는 네 그룹 중 넷째 그룹은 누구입니까? 그 의미와 역할을 나눠 봅시다.

13. "네 그룹과 함께 만나고 결정하기" 부분을 읽고 이 방법의 건강함과 유익에 대해 나눠 봅시다. 이 방법이 서로 상대방을 배려하고 지켜 줄 뿐만 아니라 교회를 건강하게 합니까? 나눠 봅시다.

14. 지은이의 후배들이 서약서를 작성한 후 서약을 지켜 가면서 겪은 여러 경험을 나눠 봅시다. 우리에게 주는 교훈과 위로와 도전은 무엇입니까?

15. 지은이는 후배들의 이야기를 하면서 가장 큰 유익이 무엇이라고 이야기하고 있습니까? 왜 지은이가 처음부터 결혼이 하나님에 대한 믿음에 달려 있다고 했는지를 후배들의 이야기를 참고해서 나눠 봅시다.

16. 외모, 성형 등에 대한 이야기가 주는 교훈과 위로와 도전은 무엇입
니까?

<이 사람이 그 사람입니까>를 읽으면서 하나님께서 깨닫게 해 주신 것과 베풀
어 주신 은혜를 생각하며 감사합시다. 또 깨달아 배우고 확신한 일에 거할 수
있게 해 달라고 기도합시다.

독신 시기의 준비,
배우자를 만나기 전의 준비

몇 명의 이성과 교제해 왔는가는 명예도, 자랑도 아니고 중요하지도 않습니다. 외모가 훌륭한 배우자를 만난 것이 성공도 아닙니다. 많은 이성에게 인기가 있는 것이 우리의 몸값을 올려 주지 않습니다. 눈이 높은 사람은 건강한 사람이 아닙니다. 누가 아깝느냐라고 말하는 것은 너무나 세속적인 생각입니다. 경제적인 풍요로움이나 명예 등은 이 세상에서 아주 잠깐 누리는 것입니다.

하나님을 경외하는 사람, 그 사람을 만나는 것이 중요합니다. 그것이 전부입니다. 그 사람이 진실로 하나님을 경외하는 사람이라면 그 사람은 단지 하나님만을 경외하는 것이 아니라 자신의 모든 삶에서 진실하고 열정적이며 신실할 것이기 때문입니다. 그리고 그런 사람을 만나려면, 그리고 그것과는 상관없이 우리가 그런 사람이 되어야 합니다.

따라서 결혼을 하기 전인 독신 시기에 우리는 건강하고 균형 있게 잘 준비되어야 합니다.

회심

회심한 사람은 하나님을 사랑합니다. 그리고 서로 사랑합니다. 회심한 사람은 그렇습니다. 물론 회심하지 않았지만 도덕적으로 아주 훌륭한 수준의 사랑을 할 수는 있습니다. 그러나 사랑의 원류가 다릅니다. 회심한 사람은 희생을 희생이라 여기지 않습니다. 섬기고 봉사하는 것을 기쁘고 감사하게 생각합니다. 나보다 남을 더 낫게 여깁니다. 다른 사람의 영혼을 위해 간절하고 진실하게 기도합니다. 다른 영혼의 필요에 민감합니다. 그러나 회심하지 않은 사람은 그렇지 못합니다.

회심한 사람은 창조 목적과 구속 목적에 따라 살아갑니다. 잠깐 있다 없어지는 것이 아닌 저 영원한 것을 위해 살아갑니다. 회심한 사람은 자신의 삶을 헛되이 보내지 않고 하나님 앞에서 분명하고 바른 태도로 열정적으로 삽니다. 그러나 회심하지 않은 사람은 그렇지 못합니다.

회심한 사람은 교회를 사랑하고, 교회에 순종합니다. 부모를 존경하고, 부모에게 순종합니다. 교회에서 여러 섬김과 봉사, 또래들과 맺은 우정 등을 통해 바른 신앙과 인격, 성품이 점점 자라 갑니다. 교회와 부모에게서 바른 지식을 배우고, 그 지식을 경건하게 실천합니다. 그러나 회심하지 않은 사람은 그렇지 못합니다.

회심한 사람은 하나님의 주권과 섭리를 시인하며 배우자를 만나기 위해 준비합니다. 다른 모든 문제처럼 자신이 결정하지 않습니다. 하나님의 인도하심을 겸손히 구하며 따라갑니다. 회심한 사람만이 참 사랑을 할 수 있습니다. 회심한 사람만이 하나님께서 제정하신 결혼 제도를 분명히 이해하고 아름답게 실천합니다. 회심한 사람만이 결혼을 통해 하나님께 영광 돌립니다. 결혼을 통해 하나님과 교회의 관계를 더 깊이 이해하고 경험합니다. 회심한 사람만이 이처럼 결혼 안에 담긴 하나님과 맺은 비밀스러운 교제를 알게 되고, 배우자와도 아주 특별하고도 비범한 연합을 이룹니다.

그리스도인이 아닌 사람이 그리스도인으로 살 수 없는 것처럼, 오직 회심한 사람만이 지금까지 말씀드린 것처럼 하나님을 위하여 은혜 안에서 참되게 살아갈 수 있습니다. 그래서 가장 중요한 준비가 회심입니다.

물론 결혼을 위한, 배우자를 만나기 위한 준비로 회심을 언급한 것은 어떻게 보면 맞지 않을 수 있습니다. 회심은 이런 주제를 떠나서 한 개인이 거룩하신 하나님 앞에 반드시 경험해야 할 가장 중요한 문제이자 전부라고도 말할 수 있기 때문입니다. 그러나 회심이 그렇게 중요하기 때문에 가장 시급하고 중요한 준비입니다. 우리가 바로 "믿음의 가정"을 이루는 것이기 때문에 그렇습니다. 우리의 자녀가 결혼한다고 할 때 결혼 상대자의 가장 중요한 조건으로 회심을 들 것이기 때문입니다.

가정 예배와 개인 경건

혼자서 하나님을 만나지 않는 사람은 함께 있을 때도 하나님을 만나려고 하지 않을 가능성이 많습니다. 혼자서도 꾸준히, 깊이 있게 하나님을 만나는 사람은 다른 사람들과 함께 하나님을 만나는 것이 어색하지 않고 자연스러우며 오히려 그것을 기뻐하고 원합니다. 그것이 신앙의 성향입니다.

한편으로는 신앙은 언제나 하나님과 맺는 개인적인 만남입니다. 결혼을 하기 전이든 한 후든 모든 사람은 언제나 자기만의 골방에서 하나님의 말씀 앞에 무릎 꿇고 기도하는 교제가 있어야 합니다. 결혼하기 전까지 개인 경건에 관심이 없거나 소홀했던 사람이 결혼하면서 그런 시간을 갖는다는 것은 자연스러운 일이 아닙니다.

우리가 결혼한 이후에도 개인 경건으로든 가정 예배로든 이런 일에 전혀 무관심하거나 소홀하다면 결과적으로 우리는 우리 자신뿐만 아니라 배우자와 가족의 영적 건강을 해치게 됩니다. 가정에서 하나님의 말씀을 함께 듣고, 하나님께 함께 기도하고, 함께 찬양하는 일이 없다면, 그것은 그리스도인의 가정이 아닙니다.

따라서 우리는 결혼 전부터 꾸준히, 깊이 있게 하나님을 만나야 합니다. 골방에서 개인적으로 하나님을 만나야 하고, 온 가족이 가정 예배를 드리면서도 하나님을 만나야 합니다.

특히 가정 예배는 결혼하기 전부터 부모형제와 함께 경건하게 잘 드려야 합니다. 결혼한 후에는 이제 부모가 인도해 주지 않기 때문입니다. 부모와 함께 예배를 드려 온 사람이 새로 가정을 이뤄서도 더 잘 드릴 수 있기 때문입니다. 결혼 전 부모형제와 함께 가정 예배를 드리는 것을 기뻐하지 않는 사람이 결혼 후에 가정 예배 드리는 것을 사모할 리가 없기 때문입니다.

가정 예배는 믿음의 가정에서 가장 중요한 요소입니다. 가정 예배는 믿음의 가정의 축제요 식사입니다. 가정 예배는 믿음의 가정의 존재 이유입니다.

그래서 지금부터 드려야 합니다! 아름답고 복된 가정을 꿈꾸며, 그런 가정에서의 사랑스러운 배우자를 소망하며 지금부터!

신앙 공부

이 책에서 이야기하는 방법은 실제 우리에게 여러 유익을 가져다 줍니다. 이성 관계에 지나치게 신경 쓰지 않게 해 주고, 구혼 과정을 건강하게 해 주기에 열정과 시간 등을 낭비하지 않게 됩니다. 구혼 방법은 그 자체로도 건강한 인격을 형성시켜 주며 든든한 신앙의 동료들과 우애를 더욱 굳게 해 줍니다.

그래서 사람마다 다르겠지만 결혼 적령기 전까지의 시간을 잘 보내는 것은 아주 중요합니다. 독신 시기는 자기 자신을 준비하는 시기기 때문입니다.

먼저 부모와 교회로부터 기독교의 기본 진리를 잘 배워야 합니다. 설교를 잘 듣고 가정 예배를 드리며 경건에 힘써야 합니다. 성경을 꾸준히 읽으며 동시에 교회의 신앙고백과 교리문답을 잘 배워서 신앙의 기초가 단단해지게끔 해야 합니다. 교회에서 행하는 성경공부 모임이나 교리 모임에 적극 참여하고, 교회의 치리 아래서 또래들과 독서 모임 등을 하면서 더 적극적으로 깊이 있는 공부를 해야 합니다.

물론 당연히 부모와 교회로부터 성, 교제, 가정, 자녀 양육 등의 주제에 대해 잘 배워 구혼을 준비해야 합니다.

어쨌든 중요한 것은 이 시기에 기독교의 기본 진리를 잘 배우는 것입니다. 하나님에 대한 살아 있는 지식, 즉 하나님과 이 세상에 대해 성경에서 말하는 바에 대한 신앙고백은 우리가 다른 모든 주제를 배우는 태도를 결정하고, 내용을 배우는 틀을 결정하기 때문입니다.

여기서 말하는 지식은 당연히 실천적 지식입니다. 개인의 삶과 공동체 안에서 섬김과 봉사 등을 통한 경험으로 배우는 살아 있는 지식 말입니다.

무엇인가를 많이, 그리고 열심히 배우기만 하고 실제 삶에서 아무런 실천도 하지 않는다면, 우리는 나중에는 결국 신앙을 하나의 사상이나 지식 체계로 이해하게 될 것입니다. 동료들과 지적 유희를 위한 토론이나 나눔도 우리에게 유익이 별로 없습니다. 그러나 매일 간절히 하나님의 은혜와 인도하심을 구하면서 기도하는 것을 기본으로, 부모의 신앙고백과 삶 모두에서 신앙을 배우고, 동료들과 함께 진지하게 토론하고 고민하면서 함께 기도하고 서로 격려하고 돕는다면 바르고 건강한 지식으로 우리의 영혼과 인격은 살찌게 될 것입니다.

이런 모습을 우리는 배우자에게 기대하지 않나요? 그렇다면 지금부터 우리가 그렇게 준비해야 합니다.

가족

어쩌면 현실적으로 가장 중요할 수 있습니다. 우리는 가족과 충분하고도 의미 있는 시간을 보내야 합니다. 그래야 결혼 후에 배우자와 또 자녀들과 잘 지낼 수 있습니다. 부모형제와 행복하게 사는 사람은 교회에서도 사회에서도 다른 사람들과 건강하고 바른 관계를 맺습니다. 그러나 부모형제와 원만하지 않은 사람은 교회에서도 사회에서도 어려움에 많이 처합니다. 먼저 가정에서 사랑을 충분히 받은 사람이 다른 곳에서도 사랑을 잘 받을 수 있고, 또 베풀 수 있습니다. 그러나 그렇지 못하면 사람과 상황에 따라 오해가 생기기도 하는 등 여러 어려움에 처할 수 있습니다. 물론 현실적으로 어떤 가정들은 충분하고도 의미 있는 교제를 하기에는 여러 한계가 있을 수 있습니다. 심지어 어떤 가정은 주로 슬픔과 분노로 가득한 곳일 수 있습니다. 그럼에도 노력해야 합니다. 그럴수록 노력해야 합니다. 당장 바뀌지는 않겠지만, 꾸준히 노력해야 합니다. 사랑하는 사람과 결혼하여 이룬 가정에도 여러 어려움이 있을 것입니다. 이때 이전의 노력이 분명히 큰 도움이 될 것입니다.

배우자를 만나기 위한 기도

많은 사람이 교제하는 사람이나 배우자를 주로 나를 행복하게 하는 사람, 내게 무엇을 해 줄 수 있는 사람, 내게 무엇을 채워 줄 수 있는 사람으로 생각합니다(저도 예외는 아닙니다). 물론 그렇게 말하지는 않습니다. 그러나 우리의 내면과 우리의 삶의 태도는 속마음을 숨길 수가 없습니다(저도 예외는 아닙니다). 그렇기 때문에 배우자를 만나기 위한 기도라고 하지만 주로 이건 이렇고, 저건 저런 사람을 만나게 해 달라고 기도합니다. 우리 자신을 위해 말입니다. 만약 모든 사람의 그런 기도를 하나님께서 다 들어주신다고 생각해 보십시오. 누가 서로 짝이 될 수 있을까요?

배우자를 위한 기도는 어떤 사람을 만나게 해 달라기보다 주로 우리가 어떻게 준비해야 하는가에 대한 것이어야 합니다. 그것이 이기적인 기도가 아니며, 서로에게 행복한 기도입니다. 그리고 이 기도는 결혼 후에도 계속돼야 합니다.

아내를 위할 줄 알며 깊이 사랑하는 신앙과 인격을 갖게 하소서.

남편에게 순종하며 존경할 줄 아는 태도를 갖게 하소서.

가정을 소홀히 여기지 않고 배우자와 아이들을 위해 날마다 기도하며, 함께 끈끈한 시간을 보내는 가정중심의 사람이 되게 하소서.

상대의 실수와 잘못에는 너그럽고 내 실수와 잘못에는 철저한 자가 되게 하소서.

따뜻하고 온유하고 겸손하게 하소서.

격려하고 세우는 말과 행동을 잘, 적절하게 할 수 있는 사람이 되게 하소서…….

이렇게 우리가 먼저 이런 사람이 된다면 우리는 어떤 사람을 만나더라도 믿음의 가정을 이룰 것입니다. 그리고 실제로는 우리가 이렇게 기도하면서 준비한다면, 우리는 우리와 같이 기도하는 사람을 만나게 될 것입니다. 우리가 마음에 둔 상대도 이렇게 기도하게 될 것입니다.

서약하기

서약하기가 의무는 아닙니다. 그러나 서약을 하고 서약서까지 작성하는 것은 주기적으로 자신을 돌아보게 해 주어 마음을 지키고 독신 시기를 보내는 데 큰 도움을 줍니다.

서약은 일상적인 일이 아니라 특별하고 큰 가치가 있는 일에 하는 것입니다. 그래서 서약을 하는 행위 자체만으로도 우리는 가족과 주위 사람들에게 구혼의 의미와 가치에 대해 그 중요성을 알리게 되고, 가족과 주위 사람들의 적극적인 관심과 함께함은 서약을 더욱 아름답고 거룩한 것으로 만들게 됩니다.

서약서를 작성한다고 했을 때 서약의 내용이나 서약서 자체가 어떤 마법이나 주문처럼 즉각적인 효력을 내거나 특별한 결과를 내는 것은 아닙니다. 서약이나 서약서는 서약을 하는 사람의 관계를 중심으로 효력이 발생하게 됩니다. 누군가에게 서약의 목적과 내용을 알리며 서약의 증인이 되어 달라고 부탁하고, 그 사람이 받아들이는 순간 서약은 작지만 분명한 효과를 내는 것입니다. 이제 혼자가 아니라 함께입니다. 우리는 서약의 증인이 된 사람들과 서약이 가리키는 바를 향해 함께 걷기 시작합니다.

증인 없이 우리 혼자서 결심하고 마음을 지키려 노력하는 것은 어려움이 많이 있습니다. 우리가 넘어졌을 때 우리를 일으켜 줄 누군가가 없다는 것은 정말 슬픈 일입니다. 우리는 교만하고 게을러서 우리의 결심을 없던 것으로 되돌리기가 쉽습니다. 그러나 우리가 넘어질 때마다 우리가 다시 일어나야 하고 다시 걸어야 하는 이유를 다시 깨닫게 해 줄 증인이 있다면, 우리는 어떻게든 계속해서 걸을 것입니다. "한 사람이면 패하겠거니와 두 사람이면 맞설 수 있나니 세 겹 줄은 쉽게 끊어지지 아니하느니라"(잠 4:12). 넘어지는 일이 점점 줄어들 것입니다. 앞에서 이끌어 주고 뒤에서 밀어 주며, 옆에서 잡아 주는 증인들의 존재는 우리가 이 특별한 구혼이라는 목적을 향해 걷는 길에서 우리를 살리고 목적지까지 잘 도착하게 합니다.

여러분의 부모님과 담당 목회자와 멘토, 또는 경건한 친구들을 마음에 품고 먼저 기도한 후 찾아가서 구혼과 서약에 대해 진지하고 깊이 있게 이야기하십시오. 그리고 되도록 서약서를 작성해서 각각 보관하십시오. 다음은 하나의 예입니다.

구혼 서약서

1. 저는 하나님께서 저의 주와 구주이심을 믿습니다. 하나님께
   서는 완전하시고 선하시며 전능하시고 거룩하신 분이십니다.

2. 저는 하나님께서 허락하신 배우자를 만나고, 결혼하기 전까
   지 마음과 몸의 순결을 지키기로 서약합니다.

3. 저는 하나님께서 허락하신 배우자를 만나고, 결혼하기 전까
   지 신앙과 인격을 잘 준비하기로 서약합니다.

4. 저는 구혼의 방법과 과정에서 하나님을 절대적으로 의지하
   면서 부모님과 교회와 친구들과 함께 고민하고, 함께 기도
   하고, 함께 결정하기로 서약합니다.

5. 이 일에 (   )가 서약의 증인이 되어 함께하기로 하
   나님께 서약합니다.

OOOO년 OO월 OO일

서　약　자: OOO (사인)

서약의 증인: OOO (사인)

1. 지은이는 결혼 전의 준비로 왜 "회심"이 가장 중요한 조건이라고 말
   합니까?

2. 가정 예배와 개인 경건이 중요한 준비 조건인 이유는 무엇입니까?
   개인 경건과 가정 경건회를 신실하게 하고 있습니까? 혹 그렇지 않
   다면 이제부터 어떻게 할지 진지하게 생각해 보고 나눈 후 함께 기
   도합시다. 『가정 예배』를 읽고 나눠 봅시다.

3. 지은이가 말하는 신앙 공부는 어떤 면에서 중요하며, 어떻게 배우며
   준비되어야 합니까?

4. 지은이는 왜 가족이 현실적으로 가장 중요한 준비 조건이라고 말합
   니까?

5. 배우자를 만나는 것을 위해 우리는 어떻게 기도해야 합니까?

6. 실제로 서약합시다. 서약서를 작성해 봅시다. 부모형제와 목회자와 멘토와 친구들을 찾아가서 진지하게 이야기하고 기도 부탁을 합시다. 증인이 되어 달라고 요청하며 "함께 만나고 결정하기"를 해 봅시다.

<독신 시기의 준비, 배우자를 만나기 전의 준비>를 읽으면서 하나님께서 깨닫게 해 주신 것과 베풀어 주신 은혜를 생각하며 감사합시다. 또 깨달아 배우고 확신한 일에 거할 수 있게 해 달라고 기도합시다.

반론과 어려움, 질문들

구혼이 너무 복잡하고 번거롭습니다

실제 있었던 일입니다. 비슷한 시기에 한 형제에게 세 명의 자매가 교제 신청을 했습니다. 하나님께 기도하면서 준비하며 기다려 왔고 하나님께 응답을 받았다는 말과 함께 말입니다. 하나님께서 세 분이신 걸까요? 세 자매에게 기도 응답이 확실한 것이었을까요? 하나님의 뜻과 인도하심은 실제 무엇이었을까요?

　적지 않은 경우 우리가 기도 응답이라고 확신하는 마음은 우리가 그렇게 되기를 간절히 바라서 생기는 마음이지 실제 하나님의 뜻이나 인도하심과는 무관할 수 있습니다. 하나님께서는 우리가 하나님께 기도하는 과정 중에 우리의 마음을 감동시키셔서 하나님의 뜻과 인도하심을 보이실 때도 있습니다. 그러나 많은 경우 하나님께서는 아주 분명하고 중요한 하나님의 뜻과 인도하심은 이미 성경에 기록하셔서 우리에게 충분히 알리셨고, 또 우리에게 교회와 부모와 경건한 믿음의 동료를 주셔서 그분들과 함께 공부하고 고민하고 기도하는 과정 가운데서 깨닫고 이해하게끔 하십니다. 이것이 하나님의 방법입니다.

조금 전에 말씀드린 실제 일을 봐도 알 수 있듯이 기도나 지식이나 경험이나 어느 하나만을 절대시 해서 결론을 내리는 것은 위험합니다.

이 책에서 말하는 구혼의 과정과 내용은 결코 우리에게 짐을 지우기 위한 것이 아닙니다. 오히려 우리의 짐을 가볍게 하고 우리 자신과 상대방을 잘 지키고, 우리를 잘 준비하기 위한 것입니다.

네 그룹을 만들 수가 없습니다

부모님께서 믿지 않으시고, 어떤 이유로 교회 목회자가 나와 친밀하지 않고, 또 이 문제에서 함께 해 줄 좋은 멘토나 친구가 없을 수 있습니다.

무조건 네 그룹이 다 있어야 하는 것은 아닙니다. 건강하고 균형 있는 구혼을 위해 네 그룹으로 나누고 정의한 것입니다. 상황과 환경에 따라 세 그룹이 될 수도 있고, 두 그룹이 될 수도 있을 것입니다. 그러나 가능하면 네 그룹이 되도록 노력해 보시길 바랍니다.

부모님께서 하나님을 믿는 신앙인이 아니라 하더라도 부모가 아닌 것은 아닙니다. 믿지 않는 부모라고 해서 무조건 다 반대하지는 않으실 것입니다. 대부분의 경우 우리가 마음을 잘 지키고 부모님의 권위와 지도를 인정하고 따르겠다는 데 반대하시지는 않을 것입니다. 하나님 앞에서 하는 이런 구혼을 이해하지 못하실 수도 있지만, 어쨌든 부모님께 구혼과 서약 등에 대해 진지하게 말씀드리고 증인이 되어 달라고 요청하십시오. 비록 신앙은 없지만 자녀의 결혼 문제에 대해 기꺼이 증인이 되어 주실 것입니다.

어느 정도 규모가 있는 교회에서는 담당 목회자와 평소 친밀하게 지내지 못하는 경우가 있을 수 있습니다. 물론 평소 가까이 지내며 목양을 충분히 해 주는 목회자라면 좋겠지만 그렇지 못한 관계에서도 목회자는 목회자입니다. 우리는 교회에 속해 있고, 목회자는 하나님의 말씀을 우리에게 선포하고 가르치며, 하나님의 말씀으로 우리를 목양합니다. 따라서 친밀함의 정도를 떠나서 우리의 담당 목회자를 찾아가 이야기하고 요청하십시오. 오히려 이것으로 담당 목회자와 관계가 친밀해질 수 있을 것입니다. 그것을 떠나서 목회자는 우리의 이런 고민과 결심을 크게 기뻐하며 적극적으로 도울 것입니다.

멘토가 없다면 이 문제 때문이 아니라 신앙의 모든 문제를 위해서라도 먼저 멘토를 만드십시오. 우리의 멘토나 친구가 이 문제에 별 관심이 없고, 우리가 유난하다고 생각할 수 있습니다. 시간을 두고 진지하게 그분들에게 이 구혼과 서약 등의 의미와 중요성에 대해 충분히 설명하고 서로 증인이 되자고 요청하십시오.

너무 이상적입니다

성경은 "마음을 다하고 뜻을 다하고 힘을 다하여 네 하나님 여호와를 사랑하라."(신 6:5)고 말합니다. "범사에 감사하라."(살전 5:18)는 말씀도 있습니다. 이 말씀들은 하나님의 말씀이기에 순종해야 합니다. 그러나 우리는 이 말씀들에 완전히 순종할 수 없습니다. 하나님께서는 우리가 완전히 순종할 수 없는데 왜 이런 계명들을 주신 것일까요? 왜 우리에게 이렇게 말씀하시는 것일까요? 우리가 죄인인 것과 그래서 우리가 본성상 하나님을 사랑할 수 없고, 하나님의 말씀에 따라 사는 것이 아니라 우리 뜻대로 살기를 좋아한다는 것을 누구보다 잘 아시는 분이 우리에게 어떤 이유로 하나님의 말씀을 주신 것일까요?

하나님의 말씀은 하나님을 반영합니다. 말씀에는 하나님께서 어떤 분이시고, 하나님께 어떤 것이 합당한 것인지 나타납니다. 따라서 먼저 말씀을 잘 아는 것 자체가 중요합니다. 말씀을 잘 알게 되면 우리는 하나님을 더 잘 알게 됩니다. 또 하나님께서 기뻐하시는 것, 하나님의 영광을 위한 하나님의 뜻을 알게 됩니다. 우리가 어떻게 사랑해야 할지, 어떻게 예배해야 할지 모를 때 이런 지식의 중요성은 절대적입니다.

그리고 말씀에는 죄와 비참 가운데 있는 우리의 처지를 아시는 하나님의 은혜도 담겨 있습니다. 우리는 스스로 하나님을 알 수도 없고, 사랑할 수도 없습니다. 하나님의 말씀에 순종할 수 없을 뿐만 아니라, 순종하려 하지 않습니다. 우리가 하고자 하는 것은 모두 죄입니다. 우리는 우리 뜻대로 살고 싶어합니다. 하나님과는 상관없는 우리의 만족과 유익을 위해서 말입니다. 우리가 이 상태로 내버려진다면 우리에게는 아무런 소망이 없습니다. 그러나 하나님께서는 우리를 죄와 비참 가운데 그대로 버려두지 않으셨습니다. 하나님께서는 자신의 기쁘시고 선하신 뜻을 따라 영원 전에 어떤 사람들을 선택하여 영원한 생명을 주기로 하시고, 구속자인 예수 그리스도를 통해 택하신 자들을 죄와 비참에서 건져 내어 구원에 이르게 하셨습니다. 이제 예수 그리스도를 믿고 구원을 받은 사람들은 새로운 본성을 갖게 되었습니다. 죄와 비참 가운데 있었을 때는 하나님을 비방하고, 진리를 거스르며, 자신의 만족과 유익을 위해 살았지만, 이제는 하나님을 사랑하고 찬양하며, 진리를 따르고, 하나님의 나라와 의를 구하며 살아갑니다. 전에는 "나를 만족시키기 위해 무엇을 해야 할까?" 생각했다면, 이제는 "하나님께서는 무엇을 기뻐하실까? 하나님을 기쁘시게 하기 위해 어떻게 해야 할까?"가 우리의 거룩한 고민이 되었습니다. 하나님의 말씀이 달콤하고, 하나님께 순종하는 것이 행복합니다.

하나님의 계명의 무게가 결코 무겁게 느껴지지 않습니다. 물론 여전히 존재하는 죄의 영향력으로 때로는 넘어지고, 때로는 다시 죄의 지배 아래에서 살아갈 때도 있지만, 이전과는 다릅니다. 하나님께서 우리에게 말씀을 알려 주실 뿐만 아니라 말씀에 따라 살아갈 수 있는 힘을 주시기 때문입니다. 성령님께서 신자의 영혼 안에 거하시며 죄와 싸우시기 때문입니다. 죄와 싸울 뿐만 아니라 우리를 거룩하게 하시기 때문입니다.

하나님께서는 우리에게 새로운 본성을 주셔서 하나님을 사랑하게 하십니다. 하나님께 순종하는 것이 짐이 아니라 기쁨이 되게 하십니다. 전에는 하나님을 알고 사랑하고 순종하는 것이 죄의 무게만큼 버겁고 힘든 것이었으나, 이제는 순종의 기쁨을 알게 하십니다. 하나님의 말씀의 무게는 부담과 짐의 무게가 아니라 영광의 무게가 됩니다.

그래서 우리는 하나님의 말씀대로 살고 싶어하고, 세상의 기준이 아니라 하나님의 말씀을 우리의 기준과 목표로 삼고 순종하고 싶어합니다. 세상은 우리를 비웃고 손가락질할 것입니다. 그렇게 사는 것이 행복이냐고, 꼭 그렇게까지 해야 하냐고, 할 수 있겠냐고. 때로는 동료 그리스도인들조차 "그 정도까지는……." 하고 말할지도 모릅니다. 하지만 우리는 소망하며 노력해야 합니다. 우리가 잘나서가 아닙니다. 우리가 마음만 먹으면 할 수 있고, 할 수 있는 힘이 있기 때문이 아닙니다. 우리는 넘어질 것입니다. 많이 넘어질지도 모릅니다. 우리는 죄인이니까요. 우리는 연약하니까요. 그러나 우리는 절대 혼자가 아닙니다. 우리는 절대 죄와 비참 가운데 내버림 당하지 않습니다. 우리 안에 계시는 분이 있습니다. 하나님께서 힘을 주실 것입니다. 하나님께서 함께하실 것입니다. 하나님께서 시작하시고, 하나님께서 이루어 가시고, 하나님께서 마치실 것입니다.

우리가 할 일은 하나님께서 우리에게 주시는 선물, 믿음을 받는 것입니다. 하나님을 의지하는 것입니다. 지금 여기서 순종하는 것입니다. 하나님의 말씀에서 하나님을 만나고, 하나님의 뜻을 배우고, 하나님을 의지하며 순종하는 것입니다. 세상이 무엇이라고 말하든, 죄가 우리에게 무엇이라고 말하든, 현실이 어떠하든지 말입니다.

어떤 분에게는 이 책이 무겁다기보다는 소망과 기대를 주는 책일 수 있습니다. 그렇다면 하나님께 기도하십시오. 계속해서 그런 마음이 되게 해 달라고 기도하십시오. 소망과 기대를 품고 하나님을 의지하며 순종하게 해 달라고 기도하십시오.

어떤 분에게는 이 책이 너무 이상적으로 보이고, 심지어 율법주의적으로 보일 수도 있습니다. 결코 그렇지 않습니다! 이 책을 다시 천천히 읽어 봐 주십시오. 이 책에서 보이는 몇몇 부족한 말투, 부족한 논리가 아니라, 이 책에서 말하고자 하는 논지가 무엇인지 다시 한 번 읽어 봐 주십시오. 저는 이 책이 모든 분께 자유를 드릴 수 있길 원합니다. 소망을 드리길 원합니다.

마음을 지키기 어렵습니다

네, 마음을 지키는 것은 정말 쉬운 일이 아닙니다. 마음 먹는 대로 된다면 좋겠지만 현실은 냉혹합니다. 저도 잘 지킬 수 있었던 적도 있지만, 잘 지킬 수 없을 때도 많았습니다. 우리는 모두 마음을 지키는 일에 완전할 수 없습니다. 그렇다면 누구나 다 일반적으로 겪는 경험이니까 너무 무겁게 생각하지 않아도 될까요? 더 나아가 자연스럽게 생각해도 될까요?

먼저 마음을 지키기 어려울 때마다 하나님께 아뢰십시오. 하나님께 우리 부패함과 연약함을 아뢰고, 주 하나님 외에는 우리에게 소망이 없다고, 하나님께서 지켜 주시고 힘 주셔야만 한다며 의지하십시오.

세 그룹의 사람들에게도 자주 기도를 부탁하고 도움을 구하십시오. 그분들은 경험을 들려주며 지혜를 가르쳐 줄 것입니다.

또 서로 각자 마음을 잘 지키고, 서로 마음을 잘 지키는 것이 얼마나 소중하고 가치 있는지 자주 생각하십시오. 또 서로 자주 나누십시오.

할 수 있는 모든 방법을 다해 힘써 노력하십시오. 하나님께서 우리를 긍휼히 여겨 주시고 은혜 베풀어 주시길 원합니다.

이미 믿지 않는 자와 교제하고 있습니다

만나고 있는 사람이 있다면 믿음의 가정을 이루는 것이 얼마나 중요하고 아름다운지, 왜 믿지 않는 자와 결혼할 수 없는지, 해서는 안 되는지를 잘 설명하십시오. 그리고 교제가 더 깊어지기 전에 상대방이 먼저 하나님을 믿도록 전도하고 기도하십시오. 믿지 않는 자와 결혼하는 것은 하나님의 뜻이 아니므로 진지하게 이야기를 해서 헤어지든지, 그 사람이 하나님을 믿는다는 분명한 고백과 삶을 보이기 전에는 더 깊은 만남을 가져서는 안 됩니다. 너무 길지 않은 시간을 부모와 목회자와 함께 정해서 교제하는 사람과 함께 노력하되, 짧지 않은 시간 동안의 노력에도 변화가 없다면 일단은 헤어져야 합니다.

또 그들과 혼인하지도 말지니 네 딸을 그들의 아들에게 주지 말 것이요 그들의 딸도 네 며느리로 삼지 말 것은 그가 네 아들을 유혹하여 그가 여호와를 떠나고 다른 신들을 섬기게 되므로 여호와께서 너희에게 진노하사 갑자기 너희를 멸하실 것임이니라(신 7:3-4).

너희는 믿지 않는 자와 멍에를 함께 메지 말라 의와 불법이 어찌 함께하며 빛과 어둠이 어찌 사귀며 그리스도와 벨리알이 어

찌 조화되며 믿는 자와 믿지 않는 자가 어찌 상관하며 하나님
의 성전과 우상이 어찌 일치가 되리요 우리는 살아 계신 하나
님의 성전이라 이와 같이 하나님께서 이르시되 내가 그들 가
운데 거하며 두루 행하여 나는 그들의 하나님이 되고 그들은
나의 백성이 되리라 그러므로 너희는 그들 중에서 나와서 따
로 있고 부정한 것을 만지지 말라 내가 너희를 영접하여 너희
에게 아버지가 되고 너희는 내게 자녀가 되리라 전능하신 주
의 말씀이니라 하셨느니라(고후 6:14-18).

성경은 이처럼 믿지 않는 자와 결혼하는 것에 대해 분명하게 반대
하고 있습니다. 믿는 자는 하나님을 섬기고, 믿지 않는 자는 우
상을 섬기기 때문입니다. 이것은 조언이나 충고가 아니라 하나님
의 명령입니다.

제가 아는 한 자매는 청년 때 봉사도 열심히 하고 하나님을 열
렬히 믿었습니다. 믿음 좋은 형제와 진지하게 교제도 했습니다.
그런데 언젠가 그 형제와 헤어지더니 얼마 후 하나님을 모르는 한
의사와 교제를 시작했습니다. 일 년 후에 결혼한다는 소식이 들
렸고, 이 년 후에는 그 자매를 교회에서 본 사람이 아무도 없었습
니다.

어떤 분은 한 사람은 믿고, 한 사람은 믿지 않는 부부 중에 나

중에는 같이 신앙생활하는 부부도 적지 않다고 말씀하실지도 모릅니다. 어떤 경우든지 결과를 가지고 원리를 만들어 내거나 상황을 정당화하면 안 됩니다. 어떤 사람에게는 하나님께서 은혜를 베푸셔서 그렇게 믿음의 가정을 이루게 하실 수도 있습니다. 그것은 어디까지나 하나님의 은혜 때문입니다. 하나님께서 성경을 통해 분명하게 말씀하신 것은 믿지 않는 자와는 결혼하지 말라는 것입니다.

믿지 않는 자는 결혼의 대상이 아니라 구원의 대상입니다.

믿는 자와 교제하고 있지만
결혼을 전제로 한 교제가 아닙니다

믿는 자와 교제하고 있지만 결혼을 전제로 한 교제가 아니라면 교제하는 사람과 결혼에 대해 진지하게 이야기를 나누십시오. 앞으로 만나는 것도 결혼을 전제로 한 교제가 아니라면 헤어지십시오. 결혼을 전제로 하지 않은 교제를 해야 할 이유가 없습니다. 결혼을 전제로 하지 않은 교제는 헤어짐을 전제로 하는 교제입니다. 자기만족을 위한 교제입니다. 그러니 헤어지십시오.

그러나 지금까지는 결혼을 전제로 한 교제가 아니었다 할지라도 이제 서로 마음을 확인하면서 앞으로 결혼을 전제로 만날 것인지 아닌지, 즉 구혼 과정에 들어갈 것인지 아닌지를 함께 기도하고 결정할 수 있습니다. 각자 세 그룹의 사람들과 함께 말입니다.

나는 믿음의 가정을 이루었지만
이렇게 하지는 않았습니다

꼭 이 책에서 이야기하는 방법을 문자 그대로 해야만 신앙을 따른, 믿음대로, 건강하고 바르게 한 것이고, 다른 방법들은 모자라거나 틀린 것은 아닙니다. 이 책은 하나의 모범, 또는 대안을 제시해 보고자 하는 시도입니다.

저도 서약서를 작성한 적이 없고, 이 책에서 이야기한 대로 하지 못했습니다. 누가 가르쳐 주거나 이야기해 준 적도 없습니다. 그래서 독서 모임 후배들이 서약서를 작성하는 것이 무척 부럽기까지 했습니다. 그러나 여러분께서 그러하시듯 저도 부모님께서 아내와 교제를 시작하기 전부터 이후 모든 과정을 함께하셨고, 담당 목회자와 친구들에게도 중간 중간 조언과 도움을 구하며 교제를 했습니다.

구혼에 대한 이해가 많이 부족했고, 부모님의 권위와 인도, 교회의 지도와 치리 등에 대해 지식도 거의 없었습니다. 그러나 처음부터 네 그룹을 설정하고 서약서를 작성한 후배들과 비슷한 경험을 했고, '나도 좀 더 일찍 알았더라면.' 하고 안타까워하며 이 책을 정리한 것입니다.

이전에는 잘 알지 못해서 더 건강하고 아름답게, 더 지혜롭게 하지 못했지만, 이제는 알게 됐으니 후배들은, 다음 세대들은 더 건강하고 아름답게, 더 지혜롭게 구혼을 거쳐 결혼에 이르게 되길 바라는 마음뿐입니다.

적절한 구혼 기간은?

정답은 없습니다. 사람마다, 환경마다 다를 것입니다. 앞서 구혼에 대해 이야기하며 언급한 시간은 통계를 낸 평균값이나 과학적인 측정값이 아닙니다. 하나의 제시일 뿐입니다. 중요한 것은 구혼 기간을 자기가 정해서 통보하기보다는 부모, 목회자와 함께 이야기해서 정하는 것이 좋습니다.

세상이 말하는 구혼과 문화

세상이 말하는 교제나 사랑은 사람을 하나님의 형상으로서 바라보지 않습니다. 세상은 하나님을 알지도 못하고, 두려워하지도 않으며, 사람의 참 행복에도 관심이 없습니다. 성경적으로 합당한, 즉 우리가 창조되었을 때 우리에게 알맞고 선한 사랑이나 마음 나눔을 알지 못할 뿐만 아니라 그것을 비웃습니다. 세상은 우리가 하고 싶은 대로, 우리가 누리고 싶은 대로 하라고 말하며 그렇게 할 때 만족을 얻고 행복하다고 말합니다. 그러나 그 결과는 파멸과 비참함일 뿐입니다.

그래서 구혼에서 우리 각자가 하나님을 사랑하고 신뢰하는가와 서로 상대를 하나님의 형상으로 바라보는가는 아주 중요합니다. 이것을 인정하는 것과 반대하는 것은 천지차이입니다.

그런데 슬프게도 오늘날 많은 교회가 구혼과 사랑에 대해 세상과 거의 구별되지 않습니다. 세상의 교제와 사랑을 일반적으로 중립적인 것이라고 생각합니다. 아주 적극적으로 받아들여 교회 공동체에 도입하는 경우도 많습니다.

특히 대중매체는 세상의 세속적인 문화가 교회에 자연스럽게 침투하게 하는 데 큰 역할을 해 오고 있습니다. 예전에는 '어떻게 그럴 수 있지?' 하고 생각했던 것들이 오 년, 십 년이 지나면서는 일반화가 되었습니다. 지금 새로이 자극적인 주제와 기사화되고 있는 것들도 지금 당장은 우리에게 불편하고 어려운 주제일 수 있으나 오 년, 십 년이 지나면 어떨지 모릅니다.

소수의 작품들을 제외하고는 아마 대부분이라고 할 수 있는 영화와 드라마, 노래 등의 예술 작품과 행위들은 적극적으로든 소극적으로든 지극히 자극적이고 세속적인 사랑을 노래합니다.

물론 세상의 방법이라고 무조건 비인격적이고 성경에 반하며 보편덕에 합당하지 않다는 것은 아닙니다. 그러나 깡패들에게도 자기들끼리의 우정이 있습니다. 그 우정을 우리는 무엇이라고 말할 수 있을까요? 세상의 방법에는 한계가 있습니다. 세상의 관점에서는 아무리 고상하고 수준이 높은 것이라 해도 하나님을 영화롭게 하지 않기에 문제가 됩니다. 하나님을 의지하지 않고, 하나님의 뜻을 구하지 않고, 하나님과 함께하지 않기에 문제가 되는 것입니다.

게다가 세상의 방법은 일반적으로는 제한적이고, 일시적이며, 감각적입니다. 분명하고 건강한 기준 없이 이 사람, 저 사람 만났다 헤어지는 것은 예삿일입니다. 만난 지 하루 만에 육체적 접촉을 갖는 것도 보통일이 되어 버렸습니다. 신앙과 인격과 마음보다 감정적 만족과 육체적 즐거움을 나누는 것이 사랑의 전부가되어 버렸습니다. 교제 중에도 이것저것 재는 것이 많습니다. 밀고 당기기는 그리스도인과는 어울리지 않습니다. 솔직함과 헌신, 배려와 이해가 그리스도인의 성품이기 때문입니다.

이별의 슬픔을 표현하거나 극복하는 세상의 방법은 하나님에게서 온 것이 아닙니다. 술과 노래는 물론이고, 혹 그것이 나름 건전한 방법이라 하더라도 하나님을 의지하지 않아서 잘못됐습니다. 세상의 방법은 때로 무섭기까지 한데, 가요 가사가 특히 그러합니다. 어떤 가사의 내용은 다음과 같습니다. 짝사랑했든, 교제했든 사랑하는 사람이 있습니다. 무슨 이유에서인지 그 남자(또는 그 여자)를 떠나보내야 합니다. 사랑하기에 떠나보내는 거랍니다. 사랑하기에 떠나보낼 수밖에 없고, 떠날 수밖에 없다고 합니다. 그러나 "나"는 "그"의 주위를 맴돕니다. 숨어서 지켜봅니다. 축복해 줍니다. 좋은 사람 만나서 행복하길 바란다면서 말입니다. 그 남자가 결혼을 합니다. 그 여자라면 아이를 낳습니다. 가족과 함께 행복하게 사는 모습을 멀리서 지켜봅니다. 나의 사랑은 이렇습니다. 그 사람은 나를 잊을지라도 나는 끝까지 그 사람을 마음에 품고, 그 사람이 잘되기를 바라면서 지켜봅니다. 때로는 그 배우자가 그 사람을 행복하게 해 주지 않는다면 가만두지 않을 거라고 결심합니다. 어떻게 보면 무척 아름다운 것 같습니다. 희생이 있는 것 같습니다. 정말 사랑하는 것 같습니다.

그러나 주인공을 바꾸면 달라집니다. 주인공을 떠나 보낸 그 사람의 배우자라고 해 봅시다. 누군가가 내 아내의 곁에 늘 머뭅니다. 물증은 없는데 누군가가 지켜보는 것 같습니다. 어떤 경우는 남자나 여자가 와서 내 아내나 남편을 행복하게 해 주지 않을 거면 가만두지 않겠다고 말합니다. 내 아내나 남편이 정말 행복해할까요? 우리는 어떨까요? 정신적 공황을 겪을지도 모릅니다. 배우자를 의심할지도 모릅니다. 전 이런 가사들이 너무 무섭습니다.

그러나 많은 사람이 이런 가사의 노래를 부르며 슬픔을 달랩니다. 자신의 감정을 이입시킵니다. 자기는 현재 어쩔 수 없으며, 나름 희생적이고 숭고한 사랑을 하고 있다고 생각할지 모릅니다. 그러나 그것은 사랑이 아닙니다. 단지 자기만족의 하나일 뿐입니다.

의식하고 잘 판단해서 받아들일 것을 받아들이고 내칠 것은 내

치면 된다고 말할 수 있습니다. 그래야 하는 것들이 분명 있습니다. 그러나 많은 경우 세상의 문화는 성경과 반대됩니다. 그리고 세상의 문화는 우리의 본성과 너무나 자연스럽게 어울립니다. 반면 성경에 따라 산다는 것은 의식적인 수고를 해야 합니다. 공부도 많이 하고 고민도 많이 해야 합니다. 성경에 따라 살려고 할 때 우리가 포기하거나 버려야 할 것이 많기에 우리는 힘들어합니다. 실제로는 우리에게 진정한 행복과 자유를 주는 것을 선택하는 것이지만 우리 입장에서는 포기하거나 버리는 것으로 표현하는 것이 일반적인 것 같습니다. 그래서 쉬운 길을 택합니다. "중립"이라는 미명하에 당장 죄라고 드러나지 않거나 보기에 큰 이상이 없으면 우리는 선택합니다. 취합니다. 그러나 세상의 싹에서 나는 열매들은 결국 세상의 열매일 뿐입니다.

오늘날 세상의 문화가 교회 안에 여과 없이 들어와 있으며 구혼 부분도 예외가 아니라는 것이 우리와 교회의 문제입니다.

따라서 우리는 적극적으로 성경이 말하는 구혼과 결혼 신학을 공부해야 합니다. 앞서 계속 말씀드린 것처럼, 우리의 부모와 교회와 선배들에게 배워야 합니다. 계속된 배움이 우리를 지켜 주고, 우리를 선하게 인도할 것입니다.

같은 공동체에서 만나기가 어렵습니다

꼭 같은 공동체에서 만나야 하는 것은 아닙니다. 물론 되도록 같은 공동체 안에서 만나는 것이 좋습니다. 그것은 서로 잘 알 수 있기 때문입니다. 그러나 여러 이유로 같은 공동체에서 만나기가 어려운 경우 신뢰할 만한 공동체의 지체와 구혼을 시작할 수도 있습니다.

평상시에 몇몇 특히 규모가 작은 교회가 연합해서 함께 성경공부와 교제를 지속적으로 한다면 자연스럽게 다른 교회 사람들을 알게 될 것이고, 이는 구혼만이 아니라 교회의 연합 차원에서도 매우 좋을 것입니다. 특히 같은 노회 소속의 교회들이 이렇게 지속적으로 교제를 나눈다면, 각 교회는 교회의 질서와 연합을 함께 배우고 경험하는 것으로도 점점 자랄 것이며, 교회 회원들은 함께 진리를 배우고, 함께 신앙고백하고, 함께 거룩함을 추구하는 것으로 서로에게 큰 복이 될 것입니다. 그리고 이렇게 모인 교회들이라면 함께 연합한 자리에서 구혼을 시작하는 것이 자연스럽고 어렵지 않을 것입니다.

다음 장인 구혼 사례 중 배경선 집사님의 이야기는 다른 공동체에 있던 형제와 만나 구혼을 하고 결혼에 이른 경우입니다. 여러분께 도움이 될 것입니다.

오늘날 구혼 문화의 현실

규모가 어느 이상되는 교회에서는 목회자와 깊은 목양 관계에 있지 못하는 경우가 많습니다. 그래서 다른 문제도 그렇지만 구혼 문제를 언급하며 부탁을 하기가 어려운 경우가 많습니다.

어떤 경우는 부모님이나 목회자, 믿음의 친구들에게 구혼을 잘 준비하고, 잘 시작할 수 있게끔 기도해 달라고 말하지만 이미 교제를 시작한 경우도 있습니다. 또 그렇게 기도 부탁을 한 후 교제를 시작할 때 숨기는 경우도 있습니다. 숨기는 이유는 많은 경우 지도를 받고 싶지 않기 때문입니다. 안타깝게도 많은 교제가 비밀리에 진행되고 있고, 그래서 생기는 문제도 아주 많습니다. 내가 좋아하는 대로 결정하고 행하고 싶기 때문입니다. 다른 사람들의 조언이나 함께함이 싫은 이유는 내 정욕대로 하고 싶기 때문입니다. 많은 경우 쉽게 헤어지고 다시 목회자나 믿음의 친구들에게 돌아옵니다. 이미 관계가 조금 깨졌습니다. 하고 싶은 대로 하는 교제는 대부분 가벼운 만남들이 되고 쉽게 만나고 쉽게 헤어지고 상처가 많이 됩니다. 배우자와 기뻐해야 할 육체의 순결을 가볍게 생각하고, 건강하고 경건한 인간관계를 배울 기회를 잃어버립니다.

이 책은 이런 어려운 현실을 위해 대안을 하나 제시하기 위한 것입니다.

  이 책은 교과서도 아니고 정답을 제시하는 책도 아닙니다. 함께 고민하고 함께 좋은 것을 찾기 위한 제안입니다. 수많은 상황, 다른 보통 사람은 이해할 수 없는 절박하고 특별한 상황, 환경이 있을 것입니다. 그럼에도 이 책에서 여러분과 함께 고민하고자 한 원리와 의도는, 목표는, 진심은, 무엇보다 성경의 교훈과 계명은 모두에게 동일할 것입니다.

1. 이 책에서 이야기하는 구혼이 너무 복잡하고 번거롭다는 반론에 대해 지은이는 무엇이라고 이야기합니까? 오히려 지은이는 무엇이라고 주장하며 위로합니까?

2. 현실적으로 당장 네 그룹을 만들기 어려운 사람들에게 지은이는 무엇이라고 이야기합니까?

3. 너무 이상적이라는 반론에 대해 지은이는 무엇이라고 이야기합니까?

4. 마음을 지키기 어렵다는 호소에 지은이는 어떻게 도전하고 위로합니까?

5. 이미 믿지 않는 자와 교제하는 사람들에게 지은이는 무엇이라고 이야기합니까?

6. 믿는 자와 교제하고 있지만 결혼을 전제로 하지 않은 교제에 대해
   지은이는 무엇이라고 이야기합니까?

7. 세상이 말하는 구혼과 그 문화에 대해 나눠 봅시다. 우리의 생각과
   마음을 지키기 위해 해야 할 일에 대해 나눠 봅시다.

8. 같은 공동체에서 만나기가 어려운 경우에는 어떻게 할 수 있습니까?

9. 오늘날 교회 안에서 이루어지는 구혼 문화는 어떻습니까?

10. 이 모든 것에 대해 지은이는 무엇이 대답이 된다고 이야기합니까?

<반론과 어려움, 질문들>을 읽으면서 하나님께서 깨닫게 해 주신 것과 베풀어 주신 은혜를 생각하며 감사합시다. 또 깨달아 배우고 확신한 일에 거할 수 있게 해 달라고 기도합시다.

구혼 사례

"믿어 줘서 고마워요."
"믿게 해 줘서 고마워요."

김병재 집사님과 배경선 집사님은 제가 특별히 사랑하는 동생들
이자 동역자들입니다. 두 사람은 독서 모임에서 다른 친구들과
함께 서약서를 작성했고, 서약을 바탕으로 하나님을 신뢰하고 의
지하며 마음을 잘 지켰습니다. 그리고 각각 하나님께서 허락하신
"그 사람"을 만나 결혼했고 지금은 아름다운 믿음의 가정을 이루
어 가고 있습니다. 용기를 내어 자신들의 이야기를 사례로 소개
할 수 있게끔 허락해 준 두 분께 큰 감사를 드립니다.

✳ ✳ ✳

김병재 집사

아내와 제가 처음 만난 때는 2003년 겨울이었습니다. 군 복무를

3개월 정도 남기고 마지막 휴가를 나왔습니다. 출석하고 있던 교회의 대학부 공동체의 같은 소그룹에서 만났지요. 잠시의 만남이었지만 같은 나이라는 동질감이 있었기에 부대로 복귀하고 나서도 친한 친구처럼 편지와 전화 통화로 이런저런 이야기들을 전했습니다.

당시 저는 주위 친구들로부터 고목이라 불릴 만큼 이성 교제에 관심이 없었습니다. 세 가지 큰 이유가 있었는데 첫째, 이성 교제는 반드시 혼인을 전제로 하여 시작해야 한다는 개인적 신념이 있었습니다. 그래서 어떤 사람을 단순한 감정에 이끌려 함부로 만나는 것을 상당히 조심했습니다. 둘째, 가정상황 때문이었습니다. 주위 사람들이 볼 때, 제 가정은 결코 평범한 가정이 아니었습니다. 이혼하신 부모님과 가난한 재정 상황. 누가 보더라도 소위 실패한 가정의 모습이었기 때문입니다. 물론 전 그렇게 생각하며 살지 않았습니다. 저 자신을 위로하며 연민을 느끼며 산 적은 거의 없습니다. 다만 새로운 가정을 위해 만날 사람을 위한 일종의 배려와 미안함 때문에, 이성 교제에 상당히 신중했습니다. 셋째, 서약서 때문이었습니다.

당시 전 "대답은 있다" 독서 모임을 통해 경건 도서들을 공부하고 있었습니다. 모임의 사람들과 신앙에 대해 나누며 자연스레 이성 교제와 혼인에 관해서도 나눌 기회가 있었습니다. 그래서 모임의 사람들이 증인이 되어 이성 교제에 대한 서약서를 작성했었습니다. 여기서 서약서에 관해 잠시 설명하는 게 나을 듯합니다. 서약서는 크게 두 부분으로 나뉩니다. 서약의 내용이 3-4가지 정도 짧은 문장으로 있고, 서약자가 선택한 세 분의 동역자 이름과 그 사람들의 서명이 명시되어 있습니다. 서약의 내용은 모임 사람들과 합의한 내용으로 썼으며, 세 명의 동역자들은 서약자가 작성한 서약의 내용을 본 후 서약자를 위해 기도하며 조언할 것을 약속하여 서명을 합니다. 물론 서약서에 명시된 세 명 말고도 함께 있었던 지체들은 서로를 위해 기도하기로 했습니다. 서약서는 그리스도인의 모든 것이 주께 달려 있듯이 이성 교제와 혼인 또한 마찬가지며 이 문제를 주께서 허락하신 공동체와 함께 지고 가겠다는 의미를 가지고 있었습니다. 현대를 살아가는 우리에겐 참 이상한 것이었습니다. '솔직히 이성 교제와 혼인처럼 개인적인 문제가 어디있나?'라는 생각을 감출 순 없습니다. 그건 저도 마찬가지였습니다. 하지만 우리가 모임에서 공부했던 교회와 공동체, 지체됨은 이런 생각을 잠재우기에 충분했습니다. 우리에게는 주께서 허락하신 거룩한 공동체와 지체들에 의해 서로 감독되어야 할 기쁜 의무가 있었습니다. 서약서는 제게 안전장치였습니다. 이후에 서약서에 대해 좀 더 나누도록 하겠습니다. 하여튼 경건한 신앙의 선배들의 가정도 바라보며 작성했던 서약서라 상당히 신중했으며 마음의 닻을 내려 주는 무게가 있었습니다. 그 무게만큼 주께서 원하시는 가정의 모습을 부푼 마음을 가지고 기대했습니다.

전역을 하고 난 뒤, 선교 훈련을 통해 개척 교회에 대한 마음을 품게 되었습니다. 때마침 당시 제가 믿고 따르던 목사님께서 교회를 개척하신다는 말을 듣고 바로 동참하게 되었습니다. 처음 개척 교회 준비 기도 모임에 나갔던 날, 뜻밖의 사람을 보았습니다. 바로 지금의 아내였습니다. 그때까지 개척에 대해 서로 같은 생각을 하고 있다는 것은 전혀 눈치채지 못했습니다. 같은 셀에서 소소한 나눔을 갖던 것과 달리 기도 모임에서 만난 우리는 좀 더 깊은 신앙의 대화들과 서로에 대해 나눌 수 있게 되었습니다. 좀 더 깊은 기도 제목들을 나누고 각자의 자리에서 기도했습니다. 하지만 아내를 알면 알수록 이 사람이 나와 전혀 다른 환경에서 자란 것을 깊이 느끼게 되었습니다. 별다른 재정적 어려움 없이 자랐고 아버지와 어머니의 경건하고 모범적인, 서로 사랑하는 모습을 보며 가정을 꿈꿨던 사람이라는 것을. 성경을 사랑하는 아버지와 그런 아버지를 존중하고 섬겼던 어머니를 보며 자란 아내는, 환경만 보자면 저와는 극과 극이었습니다. 하지만 그런 환경이 상관없다는 듯, 신앙적인 대화와 일상적인 대화까지, 무엇인가 모르게 참 잘 통했습니다. 그때까지도 서로 이성이 아닌 진정 친한 친구였습니다. 날이 갈수록 무엇인지 모를 그것이 바로 신앙이라는 게 뚜렷해졌습니다.

　신앙의 위대한 선배들의 글을 즐겨 읽었던 저는 상대적으로 보수적인 신앙을 가지고 있는 사람이었습니다. 어찌 보면 융통성 없고 딱딱할 수 있는 부분들을 아내는 잘 받아 주었습니다. 그리고 크게 공감해 주었습니다. 저 또한 아내의 순수하고 곧은 신앙을 보게 되었고 그렇게 서로의 신앙이 통한다는 것을 날이 갈수록 깊게 알게 되었습니다.

　개척 교회에서 아내와 저는 찬양팀으로 섬기게 되었습니다. 아내는 유치부 사역자로도 섬겼습니다. 어린 영혼들을 사랑하고 그 아이들에게 전할 말씀을 준비하는 아내의 모습은 참 아름다웠습니다. 만나게 되는 모임이 많아지면 많아질수록 더 많은 대화를 가졌습니다. 20대 중반, 누구나 이성 교제와 혼인에 대해 한 번쯤 생각하는 때였기에 우리도 자연스럽게 각자가 꿈꾸는 가정을 나누게 되었습니다. 아내는 남편을 섬기길 원했습니다. 자신이 그런 어머니를 보며 자랐기 때문입니다. 아내의 꿈은 아내다운 아내가 되는 것이었습니다. 자신의 어머니가 그렇게 살아오셨기 때문입니다. 아내는 사랑을 받기 원했습니다. 자신이 사랑을 주는 아버지를 보며 자랐기 때문입니다. 아내는 경건한 가정을 꿈꿨습니다. 자신이 그런 가정에서 자랐기 때문입니다.

이때부터 제게 귀한 욕심이 생겼습니다. 비록 내 환경이 남들이 보기에 보잘것이 없어도, 비난받을 배경이더라도, 어떤 욕심을 갖는 것이 사치라 할지라도 아내다운 아내를 꿈꾸는 사람에게만큼은 욕심이 생겼습니다. 욕심 자체는 나쁜 것이 아닙니다. 경건을 위한 욕심과 방탕을 향한 욕심이 전혀 다른 것처럼 이런 사람에게 욕심을 내지 않는다면 내가 어떤 것에 욕심을 낼 수 있을까 생각했습니다. 하지만 이런 생각과 감정이 올바른 것인지 검증해야 할 때가 왔습니다. 이 시점에서 이전에 작성해 두었던 서약서가, 제가 감정에 휘둘리는 것을 막아 주는 소중한 안전장치가 되었습니다.

서약서에는 다음과 같은 내용이 담겨 있었습니다. 몸과 마음의 순결을 지키며, 진지한 교제가 시작되기 전 부모님과 서약서에 서명한 세 명의 지체에게 조언을 구하는 것이었습니다. 내 교제와 혼인의 문제가 개인적인 문제가 아닌 공동체가 함께 품고 가야 할 중요한 사안이라는 것은 무엇보다 제게 커다란 힘이 되었습니다. 내 마음과 생각이 하나님께서 원하시는 것인지 분별하기 위해 나를 사랑하고 도와주며 기도해 주는 사람들의 조언을 듣는다는 것이 얼마나 복된지요. 각각 부모님과 서명자들을 만나 그동안의 이야기와 현재 제 마음과 생각을 나누었습니다. 감사했던 건 그분들이 모두 기뻐했다는 겁니다. 그리고 저를 위해 계속해서 기도했던 사람들이란 겁니다. 특별히 담임 목사님께서 힘을 많이 주셨습니다. 그분들의 조언이 감사하고 든든했던 것은 부모님을 제외한 세 명의 서명자가 믿는 자들이었으며, 저와 아내를 모두 아는 자들이었고, 그중 두 명은 함께 서약서를 작성한 독서 모임의 사람들이었기 때문입니다. 이들은 모두 신중한 사람들이었습니다. 제가 원하지 않는 말이라도 제 영혼을 위해 해 줄 수 있는 사람들이었습니다. 왜냐하면 우리는 그렇게 하기로 공개적으로 약속했기 때문입니다. "혼인 후 신앙이 진짜 신앙"이라는 말이 나올 정도로 경건에 깊은 영향을 미치는 이성 교제와 혼인에 대해 내 영혼을 위한 솔직한 말을 해 줄 수 있는 사람들이 있다는 건 참 행복한 일입니다(요즘도 전 가끔 그분들 중 몇 분에게 불려 가곤 합니다. 그리고 조용히 그분들의 조언을 듣습니다).

고백할 때가 오고 말았습니다. 고백하기 전까지 저는 제가 참 용감하다고 생각했습니다(물론 지금도 그렇게 생각합니다). 고백하려 생각하고 만났던 한 번의 만남은 끝내 고백을 하지 못한 채 끝나고 말았습니다. 제가 입을 떼지 못했던 겁니다. 아버지는 무슨 일 하시냐, 어머니는 잘 계시냐 등 말도 되지 않는 물음만 건넸던 기억이 납니다(아……). 물론 만남 자체를 이야기할 때도, 지금 생각하면 나름대로 머리를 굴렸습니다. 찬양팀 리더의 지위를 이용(?)하여 찬양팀 지체들을 일대일로 만날 텐데 가장 처음이 당신이라고 말했습니다. 물론 후에 다른 지체들은 만나지 않았습니다.

오직 아내만 만났습니다. 거짓말을 한 건 아닙니다. 정말 모두 만날 생각이었습니다. 다만 아내를 만나고 머리 속이 하얗게 된 것뿐입니다.

다시 한 번 마음을 가다듬고 만나게 되었습니다(이때는 어떤 이유를 대며 만났는지 기억이 나지 않는군요). 한참을 망설였습니다. 계속해서 횡설수설을 했습니다. 조금 답답했는지 아내가 묻더군요. 자기에게 무슨 할 말 없냐며……. 깜짝 놀랐지만, 그래서 고백하게 되었습니다. 열심히 기도하고, 어린 영혼들을 사랑하며 그 아이들을 위해 말씀을 준비하고 섬기는 모습이 예쁘고 아름답게 보였다고. 그래서 당신을 마음에 품고 있다고. 적막이 한참 흐른 뒤 서로 일주일간 기도하는 시간을 갖자고 하더군요. 그래서 기쁨과 조바심을 가지고 서로의 자리에서 기도하기로 했습니다. 솔직히 제가 그때 이게 기도인지 아닌지 인식하지 못할 만큼 안절부절했던 기억이 납니다. 토로하듯 기도했던 내용 중 기억나는 건 두 가지입니다. 하나님께서 원하신다면 어떤 결과든 받아들이겠다고, 또한 만약 이 사람이 제 마음을 받아 준다면 이 사람이 나를 내 환경이 아닌 하나님과 김병재라는 사람 자체를 보게 해 달라고.

약속했던 만남의 날이 다가왔습니다. 그리고 이 사람의 입에서 나온 말은 참 놀라웠습니다. 평소 저와 나눴던 신앙의 대화들이 좋았고, 잘 통한다고 생각했으며 김병재라는 사람이 참 괜찮은 사람이라고 했습니다. 그리고 환경이 아닌, 김병재라는 한 사람 때문에 자신도 좋다고 했습니다. 전 많이 놀랐습니다. 비약적일 수 있으나 마음 약한 저를 위한 은혜로우신 하나님의 배려라고밖에 보이지 않았습니다. 기도의 내용을 그대로 응답하신 하나님께 감사했습니다. 이때가 2006년 말이었습니다. 돌아 보면 교제 전 서로 공동체 안에서 객관적으로 볼 수 있는 시간적 여유가 있었던 것도 감사했습니다.

이후로 직장생활과 학교생활로 한 주에 한두 번 정도 만남을 가졌습니다. 만남은 거의 기도로 시작했습니다. 밥을 먹고 영화를 볼 때도 있었지만 무엇보다 행복했던 것은 하나님과 경건, 교회와 신앙에 대해 나눌 수 있는 자매가 지금 제 앞에 있다는 것이었습니다. 우리는 교제를 결정할 때부터 혼인을 전제하였습니다. 혼인이 전제되지 않았다면 교제는 하지 않았을 겁니다. 이성 교제와 가정에 대한 책을 함께 읽으며 서로 나누었습니다. 책의 내용 중에서 동의하지 못하는 부분도 있었지만(예를 들어, 많은 사람을 만나 봐야 한다는 등.) 하나님께서 이루실 가정을 생각하면 언제나 마음이 설레었습니다.

하지만 시간이 가며 우리에게도 위기가 찾아왔습니다. 관계가 깨지거나, 사이가 나빠지는 위기는 아니었습니다. 바로 스킨십의 문제였습니다. 손을 잡으면 깍지를 끼고 싶고, 깍지를 끼면 팔짱을 끼고 싶고, 팔짱을 끼면 안고 싶었습니다. 어느새 스킨십을 열렬히 원하는 우리를 보게 되었습니다. 서로 지켜 주지 못한 게 참 마음이 아팠습니다. 심각하게 이 문제에 대해 나누며 힘들어했습니다. 함께 내린 결론은 혼인이었습니다. 꿈꾸는 가정의 모습, 가정 예배, 남편과 아내의 역할, 자녀 양육 등에 관한 생각이 동일한데 더는 혼인을 미룰 이유가 없었습니다. 이때부터 주위에서 이런저런 조언(?)이 들렸습니다. "결혼해 봐라~", "연예할 때가 좋은 거야", "결혼하면 그때부터는 현실이야." 아내와 저는 이런 말들로부터 귀를 닫기 원했습니다. 하나님께서 원하시는 가정의 모습을 왜곡하고 파괴하는 말들이었기 때문입니다. 우리는 우리가 꿈꾸는 가정이 결코 감상적이라고 생각한 적이 없습니다. 감상과 현실이 나뉜 게 아니라 신앙이 현실이라고 생각했기 때문입니다. 교제를 시작한 지 1년 6개월 후, 2008년 5월에 저희는 혼인하게 되었습니다.

지금은 저와 아내, 네 살 된 아들이 함께 있습니다. 혼인한 지 육 년밖에 되지 않았지만 그럼에도 혼인 전에 가지고 있던 생각에는 변함이 없습니다. 주께서 하루를 살아갈 수 있는 생명을 주신다면 그 하루도 하나님의 영광을 가리지 않고 살아가는 것이 우리 가정이 매일 하는 기도입니다. 너무 부족해서 때론 갈등 속에 있을 때도 있습니다. 하지만 가정에서 예배하며, 예전에도 꿈꿨고 지금도 꿈꾸는 가정을 어설프지만 열심히 만들어 가고 있습니다. 글을 읽으시는 분들도 잠시나마 저희 가정을 위해 기도해 주시길 소망합니다.

✽ ✽ ✽

배경선 집사

천 번도 넘게 물었습니다. "정말 이 사람이 맞습니까?"
제가 지금의 남편과 교제한 일 년여 동안 하나님께 반복해서 물었던 질문입니다.

혼자 살고 싶었다

제가 자라면서 보고 경험한 주변의 많은 가정은 행복해 보이지 않았습니다. '그렇게 불행하게 반평생을 사느니 혼자 사는 것이 백배 낫다.'는 생각을 할 수밖에 없었죠. 예수 그리스도를 인격적으로 만난 후에도 이런 고정관념은 쉽게 깨지지 않았습니다.

하나님의 은혜로 교회 공동체 활동을 하며 가정의 소중함을 깨달았지요. 교회 공동체는 예수 피로 세워진 새로운 혈육임을 느꼈습니다. 가정을 사랑하고 세우기 원하시는 하나님의 마음을 담을 수 있었습니다.

저는 눈물로 기도했습니다. 가정을 이루는 것이 하나님의 뜻이라면, 제 안에 가정을 이루기 꺼리는 부정적인 생각을 없애 달라고 기도했습니다. 하나님께서는 제 눈물을 닦아 주시고 가정을 만들고 싶은 간절한 소망을 주셨습니다. 할렐루야!

기도가 달라졌습니다. 믿음의 가정을 이루게 해 달라고 기도했습니다. 하나님께서 기뻐하시는 가정을 함께 이루어 갈 사람을 만나고 싶었습니다. 제가 그 사람을 알아볼 수 있게 해 달라고 기도했습니다. 아직은 누군지 알지 못하는 그분을 축복하는 기도도 게을리하지 않았지요.

신앙 멘토가 보증한 그 사람

2008년 2월, 청년부 수련회를 갔습니다. 수련회 강사로 오신 목사님은 저희 교회 청년부 전도사님이 스승으로 모시는 분이었지요. 전도사님은 그분을 "은혜로 사는 목사님"이라고 소개했습니다. 망막색소변성증(RP: 망막에 색소가 쌓이면서 망막의 기능이 소실되는 질환)이라는 불치병에 걸렸지만, 그래서 더욱 하나님께 감사하는 분이라고요. 예수님을 만난 뒤, 몸에 가시를 지니고 살면서도 "그것 때문에 하나님께 더욱 겸비한 자세로 순종할 수 있다."

고 고백한 사도 바울처럼 말이지요.

특히 목사님의 설교를 들을 땐, 그분이 하나님의 말씀대로 살아 내려고 혼신의 힘을 다한 모습이 심연에서 일렁거렸습니다. "그리스도인에게 회색 지대는 없다."고 외치는 목사님을 보며 영으로 삶을 살아야 한다는 자극을 받았습니다.

목사님의 설교 이후, 저는 영적 진보를 경험했습니다. 더불어 하나님께서는 또 다른 삶의 전기를 바꿀 기회를 주셨습니다.

수련회를 마친 후 전도사님께서 제게 한 청년을 소개해 주셨습니다. 그 목사님과 함께 온 간사님이라고 했습니다. "신뢰하는 목사님과 동역하는 사람이다. 수련회에서 무릎 꿇고 전심으로 기도하는 모습을 보며 자매와 참 잘 어울릴 것 같다는 느낌이 들었다."고 강력하게 추천하셨죠. 특히 전도사님의 처제를 저보다 먼저 소개했다는 얘기까지 들으니 더욱 신뢰가 생겼습니다.

일단 기도해 보겠다고 말씀드렸습니다. 그날부터 기도했습니다. 하나님께서 이끄시는 만남이 아니라면 굳이 에너지를 소진하고 싶지 않았습니다. 그런데 하나님께서 제게 메시지를 주셨습니다(저만 알아들을 수 있는 메시지라 밝히지 않습니다).

그 간사님을 만나 보기로 했습니다.

그 사람에게서 나의 예수님을 봤습니다

첫 만남, 그분을 보는 순간 감정이 흔들렸습니다. 괜스레 기분이 좋고 마음이 떨렸습니다.

몇 시간 동안이었지만 그분의 이야기를 들으면서 생각했습니다. '아! 이 사람일 수도 있겠구나!'

보통의 소개팅 자리처럼 그저 그런 소소하고 살아가는 이야기만 나눴을 뿐이었지요. 그런데 그분의 삶에서 저를 찾아오신 예수님의 자취를 느꼈습니다. 하나를 말하면 열을 이해할 수 있었습니다. 놀랍게도 그분 역시 저와 같은 생각을 하고 있었습니다. 제가 하고 싶은 말을 그분이 먼저 꺼냈습니다.

"자매님의 삶이 눈에 선히 보이네요."

우린 "하나님의 은혜 없인 보잘것없는 인간"이라고, "그분의 도우심으로 오늘을 살고 있다."고 서로 고백하기 시작했습니다. 다른 이들이 보기에 지루하고 심각한 이야기도 나누었지요.

이십팔 년간 저와 그분은 서로 알지 못했습니다. 하지만 몇 시간 만에 충분히 그분을 알 수 있었습니다. 나의 하나님께서 그분과도 동행하시니 그것으로 충분했습니다.

마음은 벌써 "이 사람이 그 사람입니까?" 하고 외치고 있었지요.

검증에 검증을 거쳐

자연스레 통화와 문자 횟수가 늘어났습니다. 더 많이 대화하고 싶었지요. 저는 감정에 휘둘리지 않으려고 계속 하나님께 물었습니다.

두 번째로 만나는 날에도 시간을 쪼개어 홀로 예배했습니다. 변함없이 하나님께 물었습니다. "정말 이 사람입니까?"라는 질문에 마음 깊숙이 "오늘 더 크게 확신할 것"이라는 소리가 울렸습니다.

그분과 제법 오랜 시간을 함께했지요. 헤어질 때 그분이 "하나님께서 만나게 해 주셨다는 확신이 더욱 생긴다."고 말했습니다.

깜짝 놀랐습니다. 하나님께서 저와 그분에게 동일하게 말씀하시고 마음을 움직이신다는 것을 느꼈지요.

세 번째 만남에는 수련회 강사로 오셨던, 제 영적 진보를 도와주신 그 목사님과 함께 식사를 했습니다. 목사님은 그분의 영적 수준을 가장 잘 알고, 정직하게 말씀해 주실 수 있는 분이었죠.

부모님께 허락을 받는 듯 긴장하며 밥술을 떴습니다. 다행히도 목사님은 "둘이 잘 어울려요."라고 말씀해 주셨지요. 목사님은 우리가 결혼할 때까지 지척에서 조언을 아끼지 않으셨습니다.

또 우리는 다른 목사님을 찾아 뵈었습니다. 제가 영적 아버지로 여기는 그분은 제 서약서에 기꺼이 서명해 주신 분이기도 했습니다. 서약서에는 결혼 전에 이성으로부터 마음과 생각, 육체를 순결하게 지킬 것을 다짐하는 내용이 담겨 있습니다. 모든 구혼 과정에서 믿음의 사람들과 함께하겠다는 다짐도 했었지요.

목사님은 이런저런 대화 후 그분에게 이런 질문을 했습니다.

"정말 신실한 겁니까? 아니면 자매에게 잘 보이려고 신실한 척하는 거예요?"

당황할 수 있는 질문인데도 그분은 서슴지 않고 말했습니다.

"하나님을 위해 죽는 것도 두렵지 않습니다. 저는 이미 한 번 죽었던 목숨입니다."

그분이 잠시 자리를 비운 사이 제가 목사님께 물었습니다.

"목사님 어때요?"

"괜찮네."

우리는 서로 다른 장소에서 홀로 예배했고, 함께 신앙 멘토를 만났습니다. 감정을 다스리고 하나님께 확신을 구했습니다.

만난 지 두 달 만에 청혼을 받았습니다. 보통의 기준에서는 상당히 빠른 시기겠지만, 더는 미루기 싫었습니다.

예배하며 나를 이기다

마음을 합하여 믿음의 가정을 꿈꾸기 시작했습니다. 하지만 동시에 서로가 외로운 싸움도 벌였습니다. "결혼은 현실 문제"라고 주장하는 사회공감대에 젖어 있던 저와 제가 맞붙기 시작했습니다.

그분의 경제력이 가장 큰 걸림돌이라고 여겼습니다. 가족과 몇몇 지인들도 "생활고에 시달리면서도 지금의 사랑을 그대로 유지할 수 있을 것 같아?"라고 했지요. 마음이 흔들렸습니다. 기도하며 엉엉 울었습니다.

"하나님, 솔직히 제가 가난하게 사는 것은 두렵지 않습니다. 그러나 제 자녀가 그 가난을 겪게 되는 것이 싫습니다. 정말 이 사람이……맞나요?"

그분이 편하지 않았습니다. 갈등을 빚기 시작했죠. "당신 수입으로 가정을 꾸려 나가는 데 어려움이 클 거예요. 현실적으로 생각해 보세요." "내가 임용고시에 합격할 때까지 결혼을 미뤄요."라는 등 자존심에 생채기를 줄 수 있는 말까지 했습니다.

무거운 마음으로 집에 돌아와서 개인 예배를 드렸습니다. 하나님께서 주신 확신을 부정할 순 없었지요. 그런데 하나님께서 이런 말씀을 떠올리게 하셨습니다.

공중의 새를 보라 심지도 않고 거두지도 않고 창고에 모아들이지도 아니하되 너희 하늘 아버지께서 기르시나니 너희는 이것들보다 귀하지 아니하냐 너희 중에 누가 염려함으로 그 키를 한 자라도 더할 수 있겠느냐 또 너희가 어찌 의복을 위하여 염려하느냐 들의 백합화가 어떻게 자라는가 생각하여 보라 수고도 아니하고 길쌈도 아니하느니라 그러나 내가 너희에게 말하노니 솔로몬의 모든 영광으로도 입은 것이 이 꽃 하나만 같지 못하였느니라 오늘 있다가 내일 아궁이에 던져지는 들풀도 하나님이 이렇게 입히시거든 하물며 너희일까보냐 믿음이 작은 자들아 그러므로 염려하여 이르기를 무엇을 먹을

까 무엇을 마실까 무엇을 입을까 하지 말라 이는 다 이방인들
이 구하는 것이라 너희 하늘 아버지께서 이 모든 것이 너희에
게 있어야 할 줄을 아시느니라 너희는 먼저 그의 나라와 그의
의를 구하라 그리하면 이 모든 것을 너희에게 더하시리라 그
러므로 내일 일을 위하여 염려하지 말라 내일 일은 내일이 염
려할 것이요 한 날의 괴로움은 그날로 족하니라 (마 6:26-34).

공중의 새, 들의 백합화……. 믿음 없음을 회개했습니다. "하나
님께서 이 사람이 맞다 하시면 다른 염려를 내려놓겠다."고 기도
하며 다짐했습니다. 하나님의 은혜로 벅찬 마음과 동시에 미안한
마음으로 간사님에게 전화를 걸었습니다. 간사님이 먼저 이야기
를 꺼내더군요.

"헤어지고 나서 혼자 기도하는데, 하나님께서 이 말씀을 주시
네요. 공중의 새를 보라……들의 백합화를 보라……."

"아……!"

하나님의 은혜라고 생각했습니다.

해결은 "함께"라면

수도 없이 결혼을 미뤄야 한다는 이유가 떠올랐습니다. 그러나
전과 달리, 그때마다 서로에게 고민을 털어놨지요. 서로에게 시간
을 주며 충분히 기도했습니다. 그분에게 말할 수 없는 고민도 더

러 있었습니다. 그땐 저를 위해 기도하는 분들에게 털어놓으며 함께 기도했습니다. 홀로 있었다면 그 많은 유혹에 수백 번 흔들리고도 남았을 테지요. 결혼 전 하나님께서는 저를 남편뿐 아니라 하나님 앞에서도 정결한 신부로 가꾸길 원하셨던 것 같습니다.

우리는 결국 부모, 형제, 지인에게 과분할 정도로 축복을 받으며 결혼했습니다. 지금은 결혼 전에 염려했던 문제들이 현실로 다가와도 서러워하거나 울지 않습니다. 하나님께서 말씀으로 약속하셨고, 이전보다 더욱 견고한 믿음을 주셨기 때문이지요. 저는 남편을 사랑합니다. 결혼 전에는 설레는 감정으로 사랑했다면, 지금은 존경심으로 사랑합니다. 하나님께서 짝지어 주신 사람과 만나 하나를 이룬 가정, 작은 천국을 경험하는 재미로 살고 있습니다.

＊ ＊ ＊

두 사람의 이야기가 모든 사람의 상황이나 문제를 모두 대변해 주지는 않습니다. 그러나 두 사람의 이야기는 구혼과 결혼에 대해 일반적으로 경험할 수 있는 우리의 고민과 경제적인 어려움, 미래에 대한 불안함, 감정의 문제, 관계 등에 대해 우리 각자의 문제와 상황과 어려움을 생각해 보고 적용해 볼 수 있게끔 돕습니다.

교회와 함께 고민하고,

교회와 함께 기도하고,

교회와 함께 결정하기!

여러분과 함께 배우고, 고민하고, 경험하고 싶습니다.

그리고 이제 여러분의 이야기를 듣고 싶습니다.

1. 김병재 집사님의 이야기를 읽고 하나님의 인도하심과 김병재 집사
   님의 믿음과 순종에 대해 나눠 봅시다.

2. 배경선 집사님의 이야기를 읽고 하나님의 인도하심과 배경선 집사
   님의 믿음과 순종에 대해 나눠 봅시다.

3. 각자 경험을 이야기하고, 그렇다면 우리는 어떻게 해야 할 것인지 나
   눠 봅시다.

<구혼 사례>를 읽으면서 하나님께서 깨닫게 해 주신 것과 베풀어 주신 은혜를
생각하며 감사합시다. 또 깨달아 배우고 확신한 일에 거할 수 있게 해 달라고
기도합시다.

저와 아내는 구혼 과정 중에 자주 우리가 서 있는 위치에 대해 고민했습니다. 우리는 잠자리만 같이 할 준비가 된 것인가? 우리는 달콤한 감정만을 누리고 싶어하는 것은 아닌가? 우리는 정말 사랑할 준비가 된 것인가? 또 우리는 상대방보다 하나님을 더 기뻐하는가? 상대방보다 하나님을 더 많이 생각하는가? 상대방보다 하나님을 더 의지하는가?

우리는 매 순간 믿음으로 대답하지는 못했습니다. 우리도 다른 사람들처럼 똑같은 죄와 실수를 많이 했습니다. 그것이 우리를 더욱 고민하게 만들었고, 더욱 하나님을 붙들게 했습니다.

우리는 부족하고, 무엇보다 죄인이지만, 하나님께서는 우리로 하여금 계속 고민하고 기도하게 하셨습니다. 그렇게 우리를 선하게 인도하셨습니다. 하나님께서는 우리 각자가 구혼을 준비하게 하셨고, 구혼 과정을 통해 우리에게 많은 것을 가르쳐 주셨습니다. 우리는 결코 어느날 갑자기 영적인 것, 경건한 것을 원하거나 즐거워한 것이 아닙니다. 달콤하고 아름다운 가정을 어느 날 갑자기 꿈꾸고 준비한 것이 아닙니다. 구혼은 그리스도인의 아름다운 결혼과 가정의 모판이었습니다.

우리는 우리의 확신과 기쁨에, 많은 사람의 축복 속에 드디어 결혼을 했고, 가정 예배를 드리며 지금도 계속해서 결혼 전부터 우리가 소망하고 꿈꿨던 가정을 만들어 가고 있습니다. 하나님께서만이 이 가정을 다스리시도록, 하나님의 법이 우리의 모든 삶을 통치하시도록, 가족 구성원 모두가 하나님을 경외하고 사랑하도록……. 이것은 결혼 전 우리가 가장 많이 대화 나누고 기도했던 주제였고, 지금도 그러하며, 앞으로도 그럴 것입니다.

이 책은 입문서입니다. 교과서나 백과사전이 아니기에 특정한 주제와 문제에 대해서만 언급하고자 했습니다. 좀 부족해 보이는 부분이 있다면 제 부족함과 책의 구성을 생각해 주시고 이해해 주시길 원합니다.

저는 이 책을 교회를 섬기고자 하는 마음으로 썼습니다. 부디 이 책이 독자 여러분의 구혼과 결혼에 짐을 지우는 것이 아니라 자유와 기쁨, 즐거움과 소망을 줄 수 있기를 바랍니다. 이 책이 도전도 되고, 책망도 되고, 위로도 되고, 부끄러움도 되고, 소망도 되고, 큰 근심거리도 되었으면 좋겠습니다. 어찌하든지 간에 이 책이 단지 구혼 문제에서만이 아니라 모든 문제에서 하나님을 향한 여러분의 믿음을 더욱 단단하게 하는 데 조금이라도 도울 수 있길 원합니다. 특히 구혼 문제에서는 더욱 그랬으면 좋겠습니다. 선하신 하나님의 뜻과 방법과 인도하심, 하나님의 주권과 섭리를 더욱 분명히 경험하게 되고, 그래서 하나님을 더욱 사랑하고 예배하게 되길 원합니다. 여러분께서 교회를 다시 생각하게 되고, 더 진지하게 생각하게 되며, 여러분과 여러분의 가정이 교회와 함께 호흡하고, 교회와 함께 살아가길 간절히 원합니다.

이 사람이 그 사람입니까

교회와 함께 배우자 만나기

펴 낸 날   2013년 9월 25일 초판 1쇄
2014년 2월 10일 초판 2쇄

지 은 이   한재술

펴 낸 이   한재술
펴 낸 곳   그 책의 사람들

편   집   서금옥
디 자 인   안소영

판   권   ⓒ 그책의 사람들 2013, *Printed in Korea.*
저작권법에 의하여 한국 내에서 보호를 받는 저작물이므로 무단 전제와
복제를 금합니다.

주   소   경기도 수원시 권선구 서둔동 361-1 성일아파트 107-213
전   화   0505-273-1710   **팩   스**   0505-299-1710
카   페   cafe.naver.com/thepeopleofthebook
메   일   tpotbook@naver.com   **페이스북**   www.facebook.com/tpotbook
등   록   2011년 7월 18일 (제251-2011-44호)
인   쇄   불꽃피앤피

책   값   9,000원
I S B N   979-11-85248-02-8 03230

이 도서의 국립중앙도서관 출판시도서목록(CIP)은
서지정보유통지원시스템 홈페이지(http://seoji.nl.go.kr)와
국가자료공동목록시스템(http://www.nl.go.kr/kolisnet)에서 이용하실 수 있습니다.
(CIP제어번호: CIP2013017303)